LE

SIÈCLE

ET

LA MONARCHIE

PAR E. GUERIN

> Le parti démocratique est le seul en progrès, parce qu'il marche vers le Monde futur.
>
> De CHATEAUBRIAND, *Mémoires d'Outre-Tombe*, t. XI, p. 349.

CONDOM

IMPRIMERIE DE P. BOUSQUET

Rue des Armuriers

—

1851

LE

SIÈCLE

ET

LA MONARCHIE

> Le parti démocratique est le seul
> en progrès, parce qu'il marche vers
> le Monde futur.
>
> De CHATEAUBRIAND, *Mémoires d'Outre-Tombe*, t. XI, p. 349.

CONDOM

IMPRIMERIE DE P. BOUSQUET

Rue des Armuriers

1851

SOMMAIRE.

PREMIER ENTRETIEN.- *Epoque actuelle.* - Tendances et besoins de l'époque actuelle. *Liberté, Egalité, Fraternité*, principes démocratiques que les Francs apportèrent avec eux dans les Gaules. Leur conformité avec l'esprit de l'Évangile. Lois humanitaires et libérales des premiers Empereurs chrétiens. Opinion de l'évêque de Langres. Passages remarquables de Châteaubriand. Théologiens d'avant 1682 et théologiens modernes. Livres sacrés. Prix de la Liberté. Liberté de la presse. Conclusion.

DEUXIÈME ENTRETIEN.- *La monarchie en général et le Droit divin.* — La royauté commence par la violence. Usurpation d'Abimélec. Élection de Saül. Réflexions d'un grave historien à l'occasion de ces deux faits. Grégoire VII et St-Augustin. L'histoire, la vraie théologie et les livres sacrés contraires au droit divin. Paroles remarquables de Léon XII.

TROISIÈME ENTRETIEN. — *Les conséquences du Droit divin condamnées par tout ce qui fait autorité parmi nous.* — Histoire de la Chine et les disciples de Confucius. Histoire sainte. Gouvernement des peuples qui envahissent l'empire Romain. Moyen-âge. Aveux de l'abbé Fleury. Théologiens du douzième siècle. Quelques Pères. Suarez, Bellarmin, etc. Conduite des Arméniens , des Ibères, etc.

QUATRIÈME ENTRETIEN. — *L'empire, l'orléanisme et la légitimité.* — Aucune monarchie ne peut suffire aux besoins de l'époque. Toute royauté tend au despotisme. Promesses du comte de Chambord. Ce qu'elles valent. Son éducation. Le malheur n'instruit point les rois. Chute de l'Empire, de la Restauration et de l'Orléanisme. Sentence de Washington et de Montesquieu.

SUITE DU QUATRIÈME ENTRETIEN. — *Que veulent les royalistes?* — Comment le mot *tyran* est devenu synonyme de despote. Henri IV jugé par de Châ-

teaubriand. Les royalistes. L'usage qu'ils font de leur
mandat prouve qu'ils n'ont aucun souci des intérêts du
peuple, et qu'ils ne se proposent que le maintien de leur
privilège.

CINQUIÈME ENTRETIEN. — *Quel est aujour-
d'hui le seul gouvernement possible?* — Les royalistes ne
comprennent rien aux révolutions. Ils ne s'aperçoivent
pas que tout a changé autour d'eux. Opinion de Châteaubriand. Impossibilité d'arrêter le progrès. La France
est républicaine. La royauté désormais impossible. Etat
prospère de la République des États-Unis. Ses premières
épreuves. Ce qui est bon à un peuple est bon à tous. Les
mœurs de la France essentiellement républicaines. Cause
des maux actuels. Réponse à un sermon du père Bertrand.

CONCLUSION GÉNÉRALE.

PREMIER ENTRETIEN.

Époque actuelle.

Me trouvant, il y a quelques temps, dans une autre partie de la France, il me fut donné de lier connaissance avec le curé et le maire d'une même localité. Celui-ci est un homme très instruit et versé dans la politique, non pour l'avoir étudiée dans un journal, mais dans l'histoire, dans les plus célèbres publicistes et jusques dans la théologie. Le curé, au contraire, sans être inférieur au premier sous le rapport des talens, a le désavantage de n'avoir étudié les hautes questions du jour que dans l'*Univers* ou dans l'*Ami de la Religion*. Et quoique d'opinions différentes, ces deux hommes vivent dans une parfaite intelligence et se font un plaisir de discuter ensemble. J'ai assisté à quelques-uns de leurs entretiens. et j'en ai été si frappé que je n'ai pu m'empêcher d'en prendre note. Je crois être utile à la cause démocratique en les livrant à la publicité.

LE CURÉ. Ne seriez-vous pas d'avis, monsieur le maire, de reprendre les discussions politiques que la saison nous a forcés de suspendre.

LE MAIRE. Mais... très volontiers. — Vous avez probablement quelque chose à m'objecter.

LE CURÉ. Bien loin de là : je suis devenu homme de progrès, non pas, il est vrai, à la manière des Cabet et des Proudhon ; mais à la manière des Confucius et des Fénélons : je veux le soulagement des classes souffrantes par des moyens réels et praticables. Je désire qu'on réduise les impôts de moitié; qu'on diminue les gros traitemens; qu'on abolisse les millions de places nouvelles créées par la dernière royauté; qu'on rende possible, pour le pauvre comme pour le riche, le remplacement militaire; qu'on brise le joug de l'usure qui écrase nos campagnes; qu'on détruise tous les abus; je veux en un mot *la civilisation et la liberté;* mais je les veux avec la monarchie, sans laquelle je ne saurais les concevoir.

LE MAIRE. Je suis enchanté de cette conversion et vous félicite bien sincèrement de ce que vous avez compris que le socialisme n'est pas tel ou tel système et qu'on peut le combattre sans cesser d'être homme de progrès; mais je ne comprends pas aussi bien que vous pourquoi il faudrait la monarchie pour abolir des abus dont elle est la mère et y opposer les améliorations réclamées par les nécessités du temps. Pour vous dire toute ma pensée: je ne crois pas que ces deux choses, monarchie et progrès, puissent faire bon ménage ensemble.

LE CURÉ. Et moi, je ne crois pas qu'elles puissent être séparées.

LE MAIRE. Il est vrai, il y a longtemps qu'on l'a dit, autant de têtes, autant de sentimens. Ne nous arrêtons donc pas à de simples assertions; examinons plutôt quelles sont les idées et les vrais besoins de notre époque. Vous ne vous le dissimulez pas, on ne peut rien préjuger pour l'avenir, si l'on n'a une connaissance parfaite de ses tendances, et tout gouvernement qui n'en tiendrait pas compte, bâtirait sur le sable et ne serait bientôt qu'une vaste ruine.

LE CURÉ. Je sais cela, et j'ai déjà commencé à poser en principe la nécessité du progrès et de la liberté.

LE MAIRE. D'après votre réponse on peut supposer que vous n'êtes pas de ceux pour lesquels les deux dernières révolutions sont sans enseignemens. Vous avez donc reconnu que le progrès latent, mais continu, des idées en est la cause. Ces grands mouvemens ne tiennent pas à la politique proprement dite, ils tiennent à la révolution générale.

Au milieu de la dernière commotion, quelques mots ont été prononcés et se sont placés partout sous nos yeux; ce sont les trois mots : *Liberté, Égalité, Fraternité*. Ils sont tout à coup passés dans le langage commun; ils renferment trois principes contenus dans un seul : l'amour de ses semblables. Ils désignent la loi politique, l'essence même de la transformation, dogme nouveau et fondement du monde futur, dogme né de la vérité toujours ancienne et toujours nouvelle, fille du temps et de l'éternité, dogme enfin en parfaite harmonie avec notre génie national. Vous n'ignorez pas que nos pères en portèrent le germe avec eux dans les Gaules; leur nom même en est l'expression implicite; car *Francs* signifie hommes libres; «ils ne connaissaient pas de distinctions entre eux; ils étaient tous égaux devant la loi; les emplois publics élevaient l'homme qui les occupait et la considération, dont il avait joui durant cet exercice, le suivait jusques dans sa retraite; mais son fils n'héritait en rien de ses privilèges temporaires. Ainsi la noblesse avec des privilèges héréditaires, formant un corps particulier, telle qu'elle existait chez les Romains, n'était pas connue des Francs (1).» L'ignorance du moyen-âge et les préjugés qui en sortirent n'ont jamais pu étouffer entièrement ce génie d'égalité et de liberté, comme il paraît par le soulèvement des Jacques et les luttes de la ligue; et depuis soixante ans il a repris successivement son antique énergie. La nation Française adore l'égalité, elle n'admet l'absolu que par elle et pour elle, et sa vanité lui commande de n'obéir qu'à ce qu'elle s'impose. Et s'il est vrai, comme quelqu'un l'a dit, qu'elle n'aime pas au fond la liberté, son amour de la première devient la sauvegarde la plus sûre de la seconde : nul n'y touchera impunément.

Telle est donc la difficulté pour les royalistes, il s'agit de faire vivre ensemble deux nations devenues étrangè-

(1) Cours d'Histoire de France par Alex Mazas (t. 1er., 3.e édit., p. 274.)

res l'une à l'autre : la France gothique et la France moderne, la royauté et la démocratie. La charte l'a vainement tenté; comment donc quand les idées républicaines se sont prodigieusement accrues, oseriez-vous vous flatter de réussir?

LE CURÉ. Comment? En prenant de ces idées ce qu'elles ont de raisonnable, et en repoussant ce qu'elles ont d'absurde et d'exagéré.

LE MAIRE. Nous leur donnons pour bornes les droits d'autrui et la justice pour règle. N'est-ce pas ainsi que vous l'entendez et trouvez-vous là quelque chose de déraisonnable ou d'exagéré ? Oh ! ne cherchez pas à lésiner touchant les principes démocratiques et à les obscurcir par de vaines et subtiles distinctions. Le pays est trop bien instruit de ce qu'ils sont et de ce qu'ils valent pour se laisser induire en erreur et consentir volontiers à en faire le sacrifice. Qu'un évêque représentant se couronne de sa mître, s'arme de sa crosse et élève solennellement la voix afin d'imposer à ses lecteurs, il ne fera que de dupes volontaires. S'il prétend que ces principes n'ont aucun rapport avec le christianisme et qu'ils peuvent être niés sans que Dieu en soit offensé (1), on lui répond : qui viole la liberté, l'égalité et la fraternité, outrage la dignité humaine et blesse par là-même Dieu à la prunelle de l'œil. Quoi ! la charité légale est étrangère à l'Évangile et n'impose aucun devoir aux chefs des peuples ! Devenus chrétiens, les empereurs romains pouvaient donc, sans se rendre infidèles à leur religion, se dispenser de modifier ou de réformer les lois de l'Empire, fondées sur le principe de la servitude et du mépris des faibles. A qui, si ce n'est aux puissans et aux juges de la terre, a-t-il été recommandé de protéger *la veuve et l'orphelin* ? C'est ainsi du moins que le comprirent ces princes. Ainsi dès le premier moment de leurs conversions, voit-on l'esprit de charité se substituer dans la législation à la force et à l'arbitraire. Constantin rend la liberté aux esclaves qui ont été dépouillés de leurs droits durant les guer-

(1) La Démocratie devant l'Enseignement catholique, p. 71.

res civiles; il donne des défenseurs aux citoyens auxquels
on les conteste. Pour faciliter l'émancipation, il abolit les
grandes et nombreuses formalités qu'on devait remplir
devant les préteurs et les consuls, et interdit, sous peine de
la vie, de saisir pour dettes et les valets et les animaux qui servent au labourage. Il adoucit singulière-
ment la peine infligée aux débiteurs du fisc; il veut que
l'on rende aux accusés la prison aussi douce que possible,
qu'on ne les mette jamais dans les cachots, mais toujours
dans des lieux commodes et bien aérés, surtout le jour; et
il prononce la peine de mort contre les geôliers qui mal-
traiteraient les détenus. Il défend de continuer de mar-
quer au front ceux qui étaient condamnés aux mines ou
à l'amphithéâtre. Il proscrit les combats des gladiateurs et
ordonne que les criminels, que l'on y condamnait au-
paravant, soient envoyés aux mines. Enfin il rapporte
cette loi atroce qui permettait et ordonnait même au père
de famille de faire mourir l'enfant qu'il ne voudrait ou
ne pourrait nourrir. Et pour remédier plus efficacement
au mal, il statue qu'il sera pris sur le trésor public ou sur
le domaine du prince de quoi nourrir et vêtir les enfans
des indigens. Il fait plus pour l'Afrique, il rend une loi
prescrivant aux proconsuls, aux gouverneurs et aux
trésoriers de venir au secours des parens que la pauvreté
réduirait à vendre leurs enfans (1); à ces bienfaits, ses successeurs ajoutent l'établissement des greniers publics (2),
et l'institution des médecins des pauvres (3). La liberté
des cultes (4) et la liberté de discussions, qui paraissent
encore à quelques-uns de dangereuses nouveautés, furent
aussi des bienfaits des premiers Césars chrétiens. Quoique
la *charité personnelle* fut alors dans toute sa splendeur,
ils ne crurent pas devoir s'en rapporter à cette vertu pour
le soulagement et l'adoucissement de tant de misères
sociales. Sans s'inquiéter, comme l'évêque publiciste, si la

(1) Histoire Univers. de l'Eglise catholique, t. **VI**, p.
180–181.
   (2)   *Id.*   *Id.* t. **VII**, p. 11.
   (3)   *Id.*   *Id.*   *Id.* p. 25.
   (4)   *Id.*   *Id.*   *Id.* p. 10, 19.

charité légale ne nuirait pas à la première, ils s'appliquèrent par des lois pleines d'humanité à venir au secours des déshérités et à en diminuer le nombre. Qui a blâmé ces réformes et ces institutions, ou plutôt qui ne les a pas louées ? Si pourtant il fallait admettre que la *charité légale et la charité chrétienne sont tout à fait différentes, pour ne pas dire opposées quant à leur nature (1), si l'on pouvait sans outrager la plus excellente des vertus, et surtout si l'on devait par respect pour cette vertu divine ne pas admettre le principe de la seconde* (2), il est évident que ces empereurs, qu'on a cru animés jusqu'ici du véritable esprit du christianisme, ont commis une sorte d'attentat contre le premier précepte de l'Évangile. Mais aussi comment admettre qu'un législateur puisse se dispenser d'exprimer l'amour fraternel dans son administration et ses décrets, quand cet amour est le caractère essentiel du chrétien ? « C'est en cela, dit le Maître, que tous connaîtront que vous êtes mes disciples si vous avez de l'affection les uns pour les autres» ; or les seuls signes du disciple du Christ dans le législateur, ne sont-ce pas des lois pleines de charité ? Ne tentez donc plus par de vaines distinctions de séparer, au profit d'un parti ou d'une opinion, ce qui est inséparable.

Des voyageurs racontent que dans les îles Mariannes les nobles repoussèrent longtemps le christianisme parce que c'est une religion basée sur *l'égalité et la liberté* (3), et qu'ils se sentaient menacés de perdre les droits abusifs qu'ils exerçaient sur la classe plébéienne. Oh ! croyez-le bien, l'amour de l'égalité et de la liberté n'est pas moins perspicace chez le peuple Français que l'égoïsme chez cette nation sauvage. Il sait que tout ce qu'il y a de juste, d'humain et de libéral dans nos sociétés nous vient de cette source. Il est de plus persuadé que cette source est intarissable et que les hommes n'en ont encore connu que l'avantgoût. Ce ne sont pas des personnages vulgaires comme nous ou de fanatiques socialistes qui raisonnent de la sorte :

(1) **La Démocratie** devant l'Enseignement catholique, p. **91**.

(2)   *Id.*   *Id.*   *Id.* p. 109.

(3) Univers. pitt. Océanie, t. II°, p. 8.

ce sont les hommes de notre époque les plus recommandables par leur génie et par leurs antécédents. Je pourrais d'abord vous citer de remarquables paroles prononcées, du haut de la chaire de Notre-Dame, par le prince des orateurs contemporains, mais je veux me borner à deux passages plus explicites, et surtout très frappans, tant à cause de l'écrivain auquel ils appartiennent que par le temps où ils ont été écrits : — « Au moment, dit de Chateaubriand, « où la liberté, l'égalité et la République achèvent d'ex« pirer vers le temps d'Auguste, naissait à Bethléem le « tribun universel des peuples, le grand représentant « sur la terre de la liberté, de l'égalité et de la Républi« que, le Christ, qui, après avoir planté la croix pour « servir de limites aux deux mondes, après s'être fait « attacher à cette croix, y être mort, symbôle, victime et « rédempteur des souffrances humaines, transmit son « pouvoir à son premier apôtre. Depuis Adam jusqu'à Jé« sus-Christ, c'est la société avec des esclaves, avec l'inéga« lité des hommes entre eux; l'égalité sociale de l'homme et « de la femme, c'est la société sans esclaves ou du moins « sans le principe de l'esclavage. L'histoire de la société « moderne commence au pied et de ce côté-ci de la « croix. (1). »

.« Le christianisme est l'appréciation la plus philoso« phique et la plus rationnelle de Dieu et de la création. « Il renferme les trois grandes lois de l'univers, la loi « divine, la loi morale et la loi politique. La loi divine, « unité de Dieu en trois personnes; la loi morale, charité; « la loi politique, c'est-à-dire *Liberté, Égalité, Frater*« *nité*.

« Les deux premiers principes sont développés; le « troisième, la politique, n'a point reçu ses complémens, « parce qu'il ne pouvait fleurir, tandis que la croyance « intelligente de l'être infini et la morale universelle « n'étaient pas solidement établies. Or, le christianisme « eut d'abord à déblayer les absurdités et les abominations « dont l'idolâtrie et l'eslavage avaient encombré le genre « humain.

«.... Loin d'être à son terme, la religion du libérateur

(1) Mémoires d'Outre-Tombe, t. VIII, p. 501.

« entre à peine dans sa troisième période, la période poli-
« tique : *Liberté, Égalité, Fraternité*. L'évangile, sentence
« d'acquittement, n'a pas été lu encore à tous; nous en
« sommes encore aux malédictions prononcées par le
« Christ : Malheur à vous qui chargez les hommes de
« fardeaux qu'ils ne sauraient porter et que vous ne
« voudriez pas avoir touchés du bout du doigt (1). »

LE CURÉ. Quelqu'imposante que soit l'autorité du
grand écrivain, j'aime encore mieux m'en rapporter à nos
théologiens. Or ils s'accordent tous à ne voir qu'un sens
purement spirituel dans les textes des écritures où il est
question de liberté et d'égalité.

LE MAIRE. Eh ! quels sont, je vous prie, ces théologiens ? Les serviles copistes des courtisans de 1682 (1).
Les théologiens vraiment dignes de ce nom, comme
les Saint-Thomas et tous ceux qui précédèrent cette
époque fatale à la liberté, se montrèrent constamment
plus favorables à la démocratie qu'à la monarchie, plus
favorables aux sujets qu'aux souverains. Et en cela ils ne
furent que les organes de leurs chefs suprêmes, les pontifes
de Rome. Ne se rappelle-t-on pas avoir entendu dans
ces derniers temps Pie VII, encore évêque d'Imola,
adresser ces paroles à ses diocésains : « Oui, mes très
chers frères, *siate buoni christiani e sarete ottimi démocra-
ti*. Les vertus morales rendent bon démocrate; les premiers

(1) Mémoires d'Outre-Tombe, t. X, p. 486 et s.
(2) Voici comment s'exprime sur le Clergé de cette
époque un historien, Amédée Gabourg, dont le témoignage ne peut être suspect à personne : « Le Clergé n'é-
tait plus cette puissance médiatrice placée entre le Trône
et le peuple, qui parlait au roi pour lui rappeler ses de-
voirs, et puisait dans la haute indépendance du sacerdoce
cette respectueuse fermeté qui sait garder intactes la dignité de l'Autel et les immunités de l'Eglise. Il s'était
placé en quelque sorte dans les mains du pouvoir temporel,
et pour conserver son repos, ses dignités, ses bénéfices,
il subissait le joug, ne rompant guère le silence que pour
venir en aide aux prétentions de la monarchie absolue. »

chrétiens étaient animés de l'esprit de démocratie. Dieu favorisa les travaux de Caton d'Utique, et des illustres républicains de Rome (1). » Un pareil langage n'est-il pas bien propre à consoler les cœurs généreux du langage anti-démocratique de l'évêque de Langres ?

Pour revenir aux écritures je soutiens qu'il se trouve un assez grand nombre de textes qu'il est impossible d'expliquer dans un sens purement spirituel. Comment ! lorsqu'on connaît l'histoire et l'heureuse transformation sociale opérée par l'Évangile, ne pas voir le principe de l'égalité et de la liberté dans ce texte de l'Apôtre St-Paul: « Il n'y a plus de Juif ni de Grec, il n'y a plus d'esclave ni d'homme libre, il n'y a plus d'homme ni de femme, vous êtes tous un en J.-C. » Après avoir relaté ces paroles qu'il appelait le *Chant de l'humanité triomphante*, le père Lacordaire s'écriait: « O hommes des quatre vents du ciel, hommes qui vous croyez de race et de droits différens, vous ne savez pas ce que vous dites; vous n'êtes pas ici-bas par mille et par millions, vous n'êtes pas même deux, vous n'êtes qu'un (2). » Le sens démocratique de l'Évangile paraît plus clairement encore dans les avertissemens que donne St-Jacques, sur la conduite à tenir par rapport aux pauvres et aux riches, et dans ces amers reproches qu'il adresse à ceux qui donnent la préférence aux derniers dans les assemblées : « Dieu n'a-t-il pas choisi ceux qui étaient pauvres dans ce monde, pour être

---

(Introduction à la révolution, p. 11). Il dit ailleurs: « Depuis François 1ᵉʳ et Louis XIV, le gouvernement disposait des bénéfices et tenait sous sa main les évêques plus ou moins asservis; il s'était donc formé un Clergé courtisan, avide d'honneurs et plus empressé de cultiver la faveur ministérielle que de se conformer aux exigences du sacerdoce » (p. 22). Le Clergé ne s'est point relevé de cette chute : ses livres élémentaires surtout sont pleins des doctrines et de l'esprit serviles de cette funeste époque; il ne peut même se relever parce que la cause d'asservissement continue d'exister.

(1) Mémoires d'Outre-Tombe, t. V, p. 392.
(2) Conférence du 21 Décembre 1845.

14

riches dans la foi et héritiers du royaume qu'il a promis
à ceux qui l'aiment ? Et vous au contraire, vous désho-
norez le pauvre. Ne sont-ce pas les riches qui vous oppri-
ment par leur puissance? Ne sont-ce pas eux qui vous traî-
nent devant le tribunal de la justice? (1) »

Remarquez comment l'apôtre passe de la dignité spiri-
tuelle du pauvre à la dignité sociale. Dans l'esprit de
l'Evangile, quoi qu'en disent les aveugles volontaires, ces
deux choses sont inséparables. Au surplus , ces maximes
et cette conduite sont telles autre chose que l'application
de ces leçons que J.-C. donnait à ses disciples : « Vous
savez que les princes des nations dominent sur elles, et
que ceux qui sont les plus puissans parmi eux, les traîtent
avec empire. Il ne doit pas en être de même parmi vous,
et celui qui voudra être le plus grand parmi vous, soit
votre serviteur ; comme le fils de l'homme qui n'est pas
venu pour être servi, mais pour servir (2). » Si les principes de la liberté, de l'égalité et de la fraternité, ne sont
pas contenus dans ce passage, il n'y a rien de clair ni de
certain dans la parole de l'homme, non plus que dans
celle de Dieu, tout tombe dans le domaine du doute.

Mais ces maximes évangéliques sont si lumineuses par
elles-mêmes, que dès qu'elles se furent répandues dans le
monde, elles y produisirent une révolution générale dans
les idées, même chez les païens. Malgré leur haine pour
le christianisme leurs philosophes en subirent la salutaire
influence ; ils commencèrent à rougir des odieux principes d'Aristote et de Platon, en ce qui concerne la dignité
humaine. C'est d'abord Saluste écrivant que « la nature a
établi en nous une certaine relation de famille, une espèce
de parenté; » après lui le jurisconsulte Florentinus recon-
naissant que « l'esclavage est un établissement des droits
des gens contre nature; » enfin le célèbre Ulpien posant
en principe que: « En ce qui touche au droit naturel, tous
les hommes sont égaux .... que par ce même droit tous
naissent libres. »

Ainsi les théologiens, qui ont tenté de restaurer le
principe de la servitude, se trouvent moins avancés, après

(1) St-Jacques, ch. II, v. 1-7.
(2) Matth. XX, v. 25-28.

1851 années de christianisme, je ne dis pas que les premiers pères, ils sont en tout bien au-dessous d'eux, mais même que les philosophes païens, leurs contemporains : ils sont retombés en plein paganisme. Y a-t-il donc lieu de s'étonner qu'ils n'entendent rien aux rapports qui existent entre la religion et les trois grands principes démocratiques, lorsqu'ils ont relevé et consacré, au nom de la raison et de l'Evangile, le principe *du droit païen*, le dernier abus de la force, l'esclavage ? Que peut-il y avoir d'illicite dans le despotisme, quelqu'excessif qu'il soit, aux yeux de celui qui enseigne que l'homme peut acheter, vendre, aliéner son semblable, en disposer comme d'un meuble ?

Ainsi, l'autorité du génie, les écritures, la vraie théologie sont également contraires aux ennemis du progrès; le sol tout entier se dérobe, en quelque sorte, sous leurs pas. Qu'ils ne s'abusent donc plus et qu'ils ne s'imaginent point faire illusion par leurs sophismes. De quoi leur servirait-il de distinguer entre liberté et liberté, entre principes démocratiques et je ne sais quels autres ? La liberté, l'égalité et la fraternité ne sont pas de plusieurs sortes : elles sont nues comme la vérité, comme la justice, dont elles sont, au reste, l'expression sociale ou l'application à l'homme vivant en société.— «Ce que le Ciel entend et voit, est-il dit à Yu, deuxième successeur de Yao, se manifeste par les choses que les peuples voient et entendent. Ce que les peuples jugent digne de récompense et de punition, indique ce que le Ciel veut punir et récompenser. Il y a une communication intime entre le Ciel et le peuple. Que ceux qui gouvernent les peuples soient donc attentifs et réservés (1). » J'en dirai autant à ceux qui s'ingèrent à leur donner des leçons, et qui paraissent oublier si facilement que *la voix du peuple est la voix de Dieu.* Si comme ils le proclament eux-mêmes, d'accord avec les livres sacrés et les sages de l'antique Orient, *il ne se trompe, ni ne peut se tromper*, ce doit être surtout dans les choses qui intéressent le plus son bonheur et sa dignité. Or, y a-t-il sous ce rapport quelque chose qui puisse se comparer à la liberté ? N'est-elle pas le plus

(1) Chou-King, p. 33.

grand des biens et le premier besoin de l'homme? Sans
liberté il n'y a rien dans le monde ; seule elle donne du
prix à la vie et elle est avec la justice et la religion une
de ces choses hors de laquelle il n'y a point de droits. —
Supprimez seulement la liberté de la presse, quel moyen
avez-vous de vous défendre contre l'injustice et l'oppres-
sion? Il ne vous reste que la liberté *des martyrs et des esclaves,* celle de protester dans votre conscience contre la
violence qui vous est faite : belle et consolante liberté
vraiment ! Les théologiens modernes peuvent s'en conten-
ter ; mais au peuple il faut quelque chose de plus positif,
de plus réel.

LE CURÉ. La liberté de la presse a sans doute ses
avantages, mais n'a-t-elle pas aussi ses inconvéniens, et
n'est-il pas à craindre que les seconds ne l'emportent sur
les premiers ? Bien des gens affirment qu'avec cette liberté il est impossible de gouverner.

LE MAIRE. La liberté de la presse est le fondement
et le paladium de toutes les libertés. Quant aux inconvéniens, ils ne sont redoutables que pour les égoïstes et les gouvernans sans intelligence, ne voulant ou ne sachant s'har-
moniser avec leur siècle. Ces gouvernans imiteraient
volontiers les législateurs des temps de Gatien , *lesquels
défendaient de disputer du jugement du prince , attendu
que c'est une espèce de sacrilège de mettre en doute que
celui que l'empereur a choisi pour ministre ou magistrat,
en est digne* (1). Théodoze, au contraire, défendit, par
une loi, aux juges de punir les paroles qui n'attaqueraient
que sa personne et son gouvernement: « car, disait-il, si
c'est par une légèreté indiscrète qu'on a mal parlé de nous,
nous devons le mépriser; si c'est par une aveugle folie, nous
n'en pouvons avoir que de la compassion, et si c'est par
une mauvaise volonté, nous devons le pardonner (2). »
C'est là le vrai caractère de la grandeur et de la vertu, et
dans tous les temps les personnages, doués de ces nobles
qualités, ont constamment professé les mêmes principes.

(1) Histoire Univers. de l'Eglise cathol., t. VII, p. 191.
(2) Hist. Univers. de l'Eglise cathol., t. VI, p. 243.

— Aujourd'hui, ces principes sont descendus de l'esprit des premiers génies dans l'esprit de la multitude, et ils sont devenus ainsi une des tendances et un des principaux besoins de l'époque. Or, que vous déploriez ou que vous glorifiez les transformations accomplies, il vous faut prendre la nation telle qu'elle est, les faits tels qu'ils sont; entrer dans l'esprit de votre temps afin d'avoir action sur cet esprit. Si vous ne pouviez vous résoudre à faire le sacrifice d'opinions qui y seraient opposées, il ne vous resterait qu'à imiter Charles-Quint, à vous coucher dans votre cercueil ; car dans la lutte contre les idées de votre siècle, la victoire ne saurait être douteuse.

LE CURÉ. Nous connaissons notre siècle et ses besoins, et nous croyons avoir tout ce qu'il faut pour y répondre.

DEUXIÈME ENTRETIEN.

La Monarchie en général et le Droit divin.

LE MAIRE. J'attendais cette soirée avec impatience;
car il me tarde de savoir avec quelle monarchie vous vous
flattez de satisfaire aux besoins du siècle. Est-ce avec
l'empire ?

LE CURÉ. C'est pour rire certainement que vous
m'adressez cette question.

LE MAIRE. Si ce n'est avec l'empire, c'est donc avec
l'orléanisme?

LE CURÉ. Je ne puis croire cette question plus sé-
rieuse que la précédente.

LE MAIRE. Alors c'est la légitimité qu'il vous faut ,
et c'est là le fondement sur lequel vous prétendez élever

l'édifice de la liberté, de l'égalité et de la prospérité de la France. Avant d'examiner si ce projet est réalisable et n'est pas plutôt une pure chimère, il est bon de se faire une juste idée de la monarchie en général.

Dans tous les temps et dans tous les lieux on a reconnu que l'homme ne pouvait, comme tel , avoir le droit de gouverner ses semblables. C'est pourquoi tous ceux qui se sont arrogé la souveraine autorité, se sont dits les ministres du Ciel. Chez les idolâtres, où l'origine commune du genre humain s'est oubliée, ils se sont vantés et se vantent encore d'une descendance supérieure à celle des autres hommes. Parmi les chrétiens, au jugement desquels cette prétention serait ridicule, ils se sont imaginés, ce qui est la même chose pour les conséquences, de faire accroire que le pouvoir suprême leur vient immédiatement de Dieu.

« Le premier qui fut roi fut un soldat heureux ».

Ce qui signifie que la royauté a commencé par la violence. L'histoire parle absolument comme le poëte; écoutez ses réflexions au sujet de l'usurpation d'Abimélech :

« Tel fut en Israël le premier qui fut roi par les manœuvres de ce qu'on appellerait aujourd'hui sa politique ; il gagne un parti, avec l'argent d'un culte impie ; il achète des misérables sans foi ni loi ; il renouvelle le crime de Caïn jusqu'à soixante-dix fois (il égorge ses soixante-dix frères) En récompense, des apostâts l'élèvent sur le trône. Cette introduction de la royauté en Israël, par les hommes, rappelle naturellement Nemrod, qui le premier fut roi dans le monde. L'Écriture l'appelle un fort chasseur ; ce que l'on entend communément de la ruse et de la violence avec lesquelles il asservit ses contemporains pour les traiter à-peu-près comme des bêtes (1). »

LE CURÉ. Mais du moins Saül ne fut pas un usurpateur ; or, c'est en Saül et non pas en Abimélech que commence véritablement la royauté.

LE MAIRE. Oui l'origine de la royauté en la personne de Saül fut plus honnête. Je ne trouve cependant

____

(1) Hist. Univers. de l'Eglise cathol, t. II, p. 48.

pas qu'elle soit plus favorable aux principes monarchiques, surtout comme on l'entend dans votre parti. Voici
comment ce même écrivain apprécie ce fait, dont vous ne
pouvez, au reste, ignorer les circonstances :

« Telle fut l'origine de la royauté chez le peuple de
Dieu. Le peuple la demande, Dieu l'accorde ; le peuple la demande avec opiniâtreté, Dieu l'accorde avec regret. Un gouvernement meilleur avait précédé : le gouvernement des patriarches, plus pères que rois; le gouvernement des juges qui était en tout patriarcal. Sous eux la
nation est une comme la religion ; si elle ne lui est pas
toujours fidèle, au moins pas un de ses chefs ne la porte à
l'infidélité. De même dans l'univers entier avant Nemrod, le
premier roi, sous le gouvernement des pères de famille ,
l'humanité est une et unie ; si elle mérite que Dieu la pu-
nisse, elle ne le méconnaît pas du moins, elle n'adore pas
des idoles.—L'idolâtrie commence avec les rois, ils en sont
une des principales causes. L'Écriture nous le dit formellement (Sagesse, ch. XIV, v. 16 et 17), et l'histoire de l'E-
gypte, de la Grèce et de Rome nous en fournit des preuves
sans nombre. Pour rétablir l'empire de la vérité sur la
terre, le Christ aura principalement à combattre les rois.
Dans la nation choisie, il en sera de même. Cette nation,
une sous les patriarches et les juges, se divisera irrémédia-
blement sous les rois ; il y aura peuple contre peuple,
trône contre trône. L'un de ceux-ci aura pour fondement
le schisme et pour politique l'impiété. Ce qui ne s'était
jamais vu, un Israélite persécutant des Israélites pour leur
faire adorer des faux-dieux, les rois en donneront l'exemple plus d'une fois, et cette royauté, tant désirée maintenant, finira par la ruine et l'exil de la nation entière.
Dieu aurait voulu épargner à celle-ci tant de malheurs;
mais comme elle s'opiniâtre, il lui accorde dans son indi-
gnation, plus que dans sa miséricorde, le roi-homme
qu'elle demande. Pour lui, il saura tirer le bien du mal
même, et parvenir à ses fins par les obstacles (1).

Il n'y a donc pas lieu de s'étonner d'entendre un grand
et saint pape Grégoire VII parler de la sorte : « Qui ne

(1) Histoire Univers. de l'Église catholique, t. II, p.
86-87.

sait que les rois ont commencé en ceux qui, ignorant
Dieu, se sont par orgueil, moyennant les rapines, la per-
fidie, les homicides, enfin presque tous les crimes, à l'ins-
tigation du diable, prince de ce monde, arrogé de dominer sur leurs égaux, savoir les hommes avec une cupidité
aveugle et une présomption intolérable (1). » St-Augustin l'avait autorisé à tenir ce langage, en s'exprimant
ainsi sur le même sujet : « Dieu, ayant créé l'homme
raisonnable à son image, ne voulut qu'il dominât que sur
les créatures sans raison, non pas l'homme sur l'homme,
mais l'homme sur les bêtes. C'est pourquoi les premiers
justes furent établis pasteurs des troupeaux plutôt que roi
des hommes; Dieu nous voulant faire entendre par là tout
ensemble et ce que demande l'ordre des créatures et ce
qu'exigeait le mérite des péchés (2). » C'est cette ambition
de dominer, ajoute le même père, après avoir cité un
passage analogue de Saluste, qui tourmente par de grands
maux et foule aux pieds le genre humain (3).

Ainsi selon les écritures et les pères la royauté est une
usurpation des droits du peuple, la cause de toutes les
erreurs et la source de tous les maux qui affligent notre
espèce. Donc avancer comme l'évêque de Langres qu'elle
est née de la nécessité des choses et des besoins de la
société, c'est dire que l'impiété et la tyrannie sont néces-
saires.

LE CURÉ. Toute monarchie est donc déjà irrévoca-
blement condamnée, vous ne faites même pas grâce à la
légitimité.

LE MAIRE. Ce n'est pas moi qui les condamne; il ne
m'appartient donc pas d'établir des exceptions entre telle
et telle forme de gouvernement : cependant connaissant
votre faible pour la légitimité, je veux bien, sans tenir
compte de ce qui précède, examiner avec vous quels en
peuvent être les fondements. — Et d'abord dites-moi ce
que vous entendez par légitimité?

(1) St-Grégoire VII, 1-8, épître 21.
(2) Cité de Dieu, 1-19, ch. 15, n° 1.
(3) *Idem,*   1-3, ch. 14, n° 2.

LE CURÉ. La légitimité, c'est le droit qu'a un prince ou une famille princière de régner plutôt qu'une autre. L'hérédité est la base de ce droit.

LE MAIRE. C'est fort bien. Mais si ce droit existe il repose sur un principe, il n'a pu par conséquent naître du temps ni être inventé par les hommes; comme tout principe, il tient à l'essence des choses, nous devons en trouver, non l'origine, mais la perpétuité dans les grands monumens de l'humanité, tels que l'histoire, la théologie ou les saintes écritures.

1° La trouvons-nous dans l'histoire? Dans l'antiquité et jusqu'à une certaine époque du moyen-âge, l'histoire ne présente guère que l'élection comme mode de transmission du pouvoir. L'hérédité n'y apparaît que comme tolérance, exception ou plutôt comme une usurpation. C'est ainsi que de Châteaubriand raconte l'origine de la royauté parmi nous : « Les Francs exercèrent collectivement la souveraineté; ensuite ils la déléguèrent à quelques chefs; puis ces chefs la confièrent à un seul; puis ce chef unique l'usurpa au profit de sa famille (1).» Sous Hugues, avec la troisième race, la monarchie devient héréditaire. L'hérédité enfante la légitimité ou la permanence ou la durée (2).

D'après l'évêque de Langres, dont l'autorité n'est certes pas suspecte, « on peut faire remonter au temps de Louis de Bavière l'origine des prétentions du pouvoir séculier au droit immédiatement divin : alors dans une constitution impériale, publiée contre le souverain pontife, les princes de l'Empire voulurent établir que la dignité et la puissance impériales procèdent immédiatement de Dieu seul. Cette doctrine se produisit, ainsi formulée pour la première fois, dans un acte émané d'un prince excommunié par deux papes, et qui abusa de la force jusqu'à vouloir déposer Clément VI, et mettre un anti-pape sur la chaire de St-Pierre. Depuis cette époque les ennemis du St-Siège se montrèrent en général partisans zélés de l'origine divine du pouvoir civil par *communication immédia-*

(1) Mémoires d'Outre-Tombe, t. **XI**, p. 408.
(2)   *Id.*   *Id.*   t. **VII**, p. 11.

te de Dieu, sans avoir pu produire en sa faveur aucun texte ni de la Ste-Écriture ni des Sts-Pères (1). » Hélas! Monseigneur, la flétrissure que vous imprimez par ces paroles atteint beaucoup moins les hérétiques et les ennemis de la cour de Rome que vos confrères dans le sacerdoce catholique; car c'est parmi ceux-ci et non parmi ceux-là que se trouvent les partisans les plus nombreux d'une opinion aussi absurde par son origine que criminelle par son objet.

· 2° La trouvons-nous dans la Théologie? Pas plus que dans l'Histoire, du moins dans la Théologie qui n'a pas été inspirée par la cour et par les parlements, Pierre Dens, dans son *traité des lois,* dit avec St-Thomas et avec tous les théologiens qui ont écrit avant 1682, ou en dehors de son influence (2) que «le pouvoir civil de porter des lois, considéré en lui-même, appartient immédiatement à la société; mais comme il ne peut que très difficilement être exercé par toute la communauté, celle-ci a coutume de la transférer ou à quelques hommes de toute condition et c'est à la démocratie, ou à quelques grands et c'est l'aristocratie; ou à un seul, soit pour lui personnellement, soit aussi pour ses successeurs par le droit d'hérédité, et c'est la monarchie.

« De là il résulte que les rois et autres souverains tiennent immédiatement leur autorité de la République ou communauté (comme il est porté *loi 1*re *ce qui a plu au principe,* Digestes, liv. I*er*, titre IV*e*); quelques-uns cependant l'ont reçue immédiatement de Dieu, ainsi que l'Histoire sacrée nous l'apprend de Saül et de David. »

Ce que Dens eût dû faire observer ici, c'est que ces deux princes quoiqu'approuvés de Dieu et déjà sacrés par le prophète, n'exercèrent cependant les droits de souverains que lorsque le peuple se fut réuni à Galgal, pour faire Saül roi *et fecerunt sibi regem Saül* (3), et à Hébron pour

(1) La Démocratie devant l'Enseignement catholique, p. 29, à la note.

(2) NOTA. — Ceux qui voudraient connaître les grands théologiens qui ont combattu le *Droit divin,* pourront consulter la *Démocratie devant l'enseignement catholique,* par Mgr. Parisis, évêque de Langres, p. 29.

(3) Livre des Rois, XI, 15.

oindre David roi sur Israël *unxerunt que David in regem super Israël* (1). Le choix divin n'avait donc rien ôté aux droits imprescriptibles du peuple.

A ceux qui voudraient objecter ce texte de l'apôtre : « Il n'est de puissance que de Dieu, » donc les rois tiennent leur autorité du Ciel, le célèbre docteur répond: « Ce texte prouve que toute puissance est de Dieu, comme cause première, du moins immédiatement; mais non que toute puissance est de Dieu immédiatement et prochainement, sans l'intermédiaire d'aucune autre cause ou supérieur: c'est ainsi qu'un délégué a, d'une manière éloignée, son autorité de Dieu et immédiatement de celui qui délègue. »

La réponse que fit Léon XII à de Châteaubriand, ambassadeur à Rome, se plaignant à lui de l'esprit réactionnaire du Clergé français, est entièrement conforme à cette théologie.

« Le pape l'avait écouté avec la plus grande attention.

« J'entre dans vos vues, lui dit-il, après un moment de silence : Jésus-Christ ne s'est point prononcé sur la forme des gouvernemens. Rendez à César ce qui est à César, veut seulement dire : obéissez aux autorités établies. La religion catholique a prospéré au milieu des républiques comme au sein des monarchies; elle fait des progrès immenses aux Etats-Unis; elle règne seule dans les Amériques espagnoles (2). »

3° Quant aux livres sacrés, inutile d'en parler, puisque de l'aveu de l'évêque de Langres, les partisans du droit divin ne peuvent invoquer à l'appui de leur opinion ni l'autorité de l'Ecriture ni celle des Sts-Pères.

Donc la légitimité absolue ou de droit divin ne s'offre dans l'histoire et la *vraie* théologie que comme une usurpation des droits imprescriptibles et inaliénables du peuple.

Cette question est grave dans les circonstances actuelles. Nous sommes loin de l'avoir épuisée. Il conviendrait d'en examiner aussi les suites et les conséquences. Mais je sens que j'ai besoin de revoir ce que j'ai lu sur ce sujet.

(1) Livre 2ᵉ des Rois, V; 3.
(2) Mémoires d'Outre-Tombe, t. VIII, p. 453.

Si vous le trouvez à propos, nous y reviendrons demain au soir ou à notre plus prochaine réunion. Qu'en dites-vous ?

LE CURÉ. Je le veux bien.

LE MAIRE. A demain donc.

TROISIÈME ENTRETIEN.

*Les conséquences du droit divin condamnées par tout
ce qui fait autorité parmi nous.*

LE CURÉ. Vous voulez me taquiner encore ce soir sur cette pauvre légitimité. Vous avez donc résolu de ne pas en laisser pierre sur pierre.

LE MAIRE. Ce n'est pas pour vous contrarier que je vous ai demandé la permission de revenir sur cette question, mais pour m'éclairer et m'édifier avec vous touchant une matière dont personne, et surtout le Clergé, ne peut ignorer sans quelque danger.

LE CURÉ. Ce n'est pas sérieusement que j'ai prononcé ce mot taquiner; car je sens combien il nous importe de ne pas nous faire soupçonner de mauvaise foi et de changer d'opinion selon les temps, les lieux et les intérêts particuliers, et c'est ce qui arriverait si nous avions le malheur d'enseigner aujourd'hui le contraire de ce que les anciens et les pères ont professé. Exposez donc sans crainte de me faire de la peine ce que vous savez des conséquences de la légitimité.

LE MAIRE. Puisque vous m'y autorisez, je vous dirai sans détour que si nous voulons être francs ou si nous ne nous faisons pas illusion, nous reconnaîtrons sans peine que ce qui nous plaît dans le droit divin, ce sont les conséquences. Si le pouvoir dérive immédiatement de Dieu, il est clair que les princes ne relèvent que de leurs consciences et ne doivent compte de leurs actes à qui que ce soit. Oh qu'une pareille doctrine doit sourire aux rois et aux prétendants ! L'histoire nous l'eût-elle laissé ignorer, nous aurions dû, néanmoins, deviner qu'elle a été inventée tout exprès pour mettre les tyrans à l'aise et leur assurer l'impunité. Mais pensez-vous que les peuples s'en arrangent aussi facilement que ceux qui ont la prétention d'être leurs maîtres ? Cessez de nous parler de paix et de stabilité ! L'histoire de la royauté et ce dont nous avons été témoins nous-mêmes sous les deux derniers règnes, nous apprennent assez que la monarchie n'est pas moins exposée aux orages et aux tempêtes que tout autre gouvernement. N'oubliez pas surtout que la condition normale de l'homme et, par là-même, des peuples, c'est la lutte, la guerre et les vicissitudes; qu'elles sont selon un grand écrivain « l'essence même de la liberté; car les peuples libres ne sauraient prétendre à la paix, mais à la victoire (1)». «Et pour règle générale toutes les fois que l'on verra tout le monde tranquille dans un état qui se donne le nom de République, on peut être assuré que la liberté n'y est pas (2). » La paix ne règne que dans le tombeau ou sous le joug du plus dégradant esclavage. Du reste, rien n'égale dans un cœur français, l'amour de l'égalité

____

(1) Washington, p. 3.

(2) Montesquieu, cause de la grandeur des Romains et de leur décadence, chapitre IX.

et de l'indépendance, et s'il était vrai qu'elles exigeassent le sacrifice des autres avantages, le Français n'hésiterait pas : il préférera toujours une liberté même périlleuse, à une tranquille servitude.

LE CURÉ. Vous voulez donc que les peuples puissent censurer, juger et dépouiller leurs souverains ?

LE MAIRE. Ce n'est pas moi qui le veux, mais encore l'histoire et la théologie.

LE CURÉ. C'est une vieille opinion depuis longtemps abandonnée par l'école.

LE MAIRE. Vous sembliez, il n'y a qu'un instant, craindre, pour le Clergé, le reproche d'inconstance, et déjà vous parlez de doctrines vieillies et abandonnées. Votre réponse me rappelle celle d'un ecclésiastique, qui passe pour avoir des talents. Il s'agissait entre nous de l'enseignement des premiers siècles de l'Eglise sur la nature et l'usage de la propriété : « S'ils vivaient de nos jours, me dit mon interlocuteur, les pères ne parleraient pas comme autrefois. » Quoi ! l'enseignement catholique, sauf certains points fondamentaux, n'a rien de fixe, rien d'invariable! S'il n'était question que d'opinions locales, individuelles et pour ainsi dire indifférentes, à la bonne heure; mais quand ce sont des doctrines touchant aux plus graves intérêts d'ici-bas, généralement reçues et datant des temps les plus voisins des apôtres, soutenues, pendant plus de seize siècles, par ce que le christianisme a jamais eu de plus saints et de plus grands docteurs, venir prétendre que ce sont des opinions surannées, c'est anéantir le caractère le plus essentiel de la vérité, c'est détruire tout critérium de certitude, c'est faire le procès à la théologie et la donner comme un pur charlatanisme.

Pour nous qui professons plus de respect pour l'antiquité, nous sommes bien loin de nier que cette doctrine ne soit ancienne : car c'est ce qui en fait la gloire et la force. Oui c'est une *vieille et bien vieille opinion :* à quelque époque de l'histoire que nous remontions, nous en trouvons toujours des traces. Voici comment un historien chinois explique la déchéance de la dynastie de Hia la plus ancienne de toutes : « Le dernier roi s'étant livré à toutes sortes de débauches et négligeant complètement les affaires, le grand prêtre prit entre ses mains les lois de l'Empire, et lui fit, les larmes aux yeux, des représentations; mais n'ayant pas été-écouté, il se retira chez le prince de Chang, qui devint ainsi le chef d'une dynastie nouvelle (1). » Désirez-vous quelque chose de plus explicite, écoutez encore : « Siouan-Wang, roi de Thsi, demanda à Meng-Tseu, célèbre disciple de Confucius: Est-il vrai que Tching-Thang (premier roi de la seconde dynastie) détrôna Kie et l'envoya en exil , et que Wou-Wang, (le fondateur de la troisième dynastie.) mit à mort Cheou (le dernier roi de la seconde)? — Meng-Tseu répondit : l'histoire le rapporte. Le roi ajouta : Est-ce qu'il est permis aux sujets de détrôner et de mettre à mort les souverains? Le sage répliqua : celui qui fait un vol à l'humanité est appelé voleur; celui qui fait un vol à la justice est appelé tyran. Or un voleur et un tyran sont des hommes et on doit les regarder comme tels (de quelques dignités qu'ils soient revêtus). J'ai toujours entendu dire que l'homme nommé Cheou avait été mis à mort, et non pas que Wou-Wang ait tué son prince (2). » — On peut voir par ce passage, soit dit en passant, que la doctrine du tyrannicide n'est pas nouvelle dans le monde.

LE CURÉ. Quels noms aussi venez-vous de citer ! Est-ce que l'autorité des sages païens doit devenir la règle des disciples du Christ ?

LE MAIRE. Je sais quelles sont les preuves qui vous conviennent; sans donc examiner jusqu'à quel point on a raison d'appeler païens des sages tels que Confucius et ses premiers disciples, j'ai hâte de vous répondre « qu'on peut voir dans l'Histoire-sainte des choses semblables, non seulement en ce qui regarde les rois des Hébreux, mais encore des autres nations. Nous y voyons le Très-Haut, par le ministère de ses prophêtes, élevant les uns sur les trônes, reprenant les autres, les rappelant à son

(1) Hist. Univers. de l'Eglise catholique, t. I, p. 504.
(2) Univers pitt., Chine, p. 190.

éternelle loi; prédisant à ceux–ci le renversement de leur
puissance; à ceux–là la réprobation de leur dynastie (1). »
Qui ne connaît la défection des dix Tribus d'Israël à l'ins-
tigation de Jéroboam et la défense que fit le prophète
Séméias à Roboam, fils et successeur de Salomon, de mar-
cher contre les rebelles (2) ? Qui ignore encore le sacré
de Jéhu, général des troupes d'Israël et l'ordre que lui
donne le prophète consécrateur d'exterminer la maison
d'Achab, hommes criminels que leurs désordres avaient
rendus indignes du titre de souverains (3) ?

Si l'on jette les yeux sur les peuples qui envahirent
l'Empire romain, l'on reconnaît que c'était des hommes
libres, bornant si fort l'autorité de leurs rois, que ceux–ci
n'étaient à proprement parler que des chefs ou des géné-
raux. Quelques–uns mêmes de ces peuples, comme les
Vendales en Afrique, les Goths en Espagne, déposaient
leurs rois dès qu'ils n'en étaient pas satisfaits. Et chez les
autres l'autorité des princes était restreinte de mille ma-
nières différentes. Un grand nombre de seigneurs la par-
tageaient avec lui; les guerres n'étaient entreprises que
de leur consentement; les dépouilles étaient partagées
entre les chefs et les soldats; aucun impôt en faveur du
prince; les lois étaient faites dans les assemblées populaires. Les nations allemandes n'étaient pas moins libres, et
si l'on trouve les vestiges de quelques royautés chez elles,
c'est qu'on a pris pour des rois les chefs des armées et des
républiques (4).

Parmi elles nos pères surtout se distinguèrent par leur
amour de la liberté et de l'égalité, jusque–là qu'ils
chassèrent de la royauté Childéric, uniquement parce
qu'il abusait de leurs filles. Ils choisirent à l'unanimité
Égidius, maître de la milice pour les Romains qui régna
huit ans sur eux. Childéric qui s'était réfugié chez le roi
des Thuringiens, ayant appris que les Francs avaient
oublié ses torts et le regrettaient, s'en revint et fut réta-

(1) Hist. Univers. de l'Eglise cathol., t. II, p. 90.
(2) Liv. IIIᵉ, des rois, XII, v. 16-21.
(3) Liv. IVᵉ, des rois, IX, v. 1-12.
(4) Voyez pour tout ceci la CXXXI lettre persanne.

bli dans la royauté, mais de telle sorte qu'il gouverna conjointement avec Egidius (1).

« Ainsi donc, ajoute un historien contemporain, au commencement de la première dynastie, la royauté chez les Francs n'était ni héréditaire ni inadmissible. Ils expulsent du trône et du royaume Childéric, parce qu'il se conduit mal, et ils élèvent à sa place non pas un homme de sa famille, non pas un homme de la nation, mais un étranger, mais un Romain, qui commandait dans ces quartiers les troupes impériales; et quand, après huit ans de déposition et de bannissement, *ils veulent bien* rappeler Childéric, ils partagent la royauté entre les deux. *Ilis ergò regnatibus simul* (2).

Vous voyez donc qu'on était bien loin alors de la légitimité et de tout autre droit qui ne prend pas sa source dans la volonté du peuple.

LE CURÉ. Vraiment vous m'accablez à force d'autorités. Mais ces usages, ces formes gouvernementales, sont-elles bien en harmonie avec l'esprit de l'Évangile ?

LE MAIRE. Pourquoi pas ? car si elles sont conformes aux principes de la justice et de la liberté, comment ne le seraient-elles pas à l'esprit de l'Évangile ? Du reste contemplez le moyen-âge, dont les institutions ont subi si fortement l'influence du christianisme. Vous reconnaîtrez bientôt que ses doctrines et sa conduite politiques sont les mêmes que celles de la sage antiquité, de la Synagogue et des envahisseurs de l'Empire romain. Toutefois pour les bien apprécier, il faut se rappeler la mission des papes à cette époque. Représentans de la justice et de la vérité sur la terre, défenseurs-nés des faibles et de tous les opprimés, ils se trouvèrent providentiellement les tuteurs des nations et leurs protecteurs contre les excès de l'autorité politique, tant que les peuples ne purent se défendre eux-mêmes. Ce pouvoir parut si naturel à tous que les princes eux-mêmes ne soupçonnent point qu'il puisse en être autrement. Tout ce que Charlemagne dé-

(1) St-Grégoire de Tours, liv. II, ch. 12.
(2) Hist. Univers. de l'Eglise cathol., t. VIII, p. 464.

crète dans son testament en faveur des siens, accusés de quelque crime, c'est ce qu'il était en droit de demander pour le dernier de ses sujets : « Si quelqu'un de nos fils ou petits-fils, dit-il dans le dix-huitième article, si quelqu'un de nos fils ou petits-fils, nés ou à naître sont accusés, ordonnons qu'on n e leur rase pas la tête, qu'on ne leur crève pas les yeux, qu'on ne leur coupe pas un membre, qu'on ne les condamne pas à mort sans bonne discussion et sans examen. »

L'abbé Fleury, l'un des plus ardents défenseurs des doctrines opposées en sa qualité de courtisan, est forcé de convenir de ces faits, ayant soin toutefois de les attribuer à l'ignorance des laïques. C'est ainsi qu'il s'exprime: « Le premier auteur où je trouve l'allégorie des deux glaives est Géoffroy de Vandôme, au commencement du douxième siècle. Jean Sarisbery l'a poussée jusqu'à dire que le prince ayant reçu le glaive de la main de l'Église, elle a le droit de le lui ôter; et comme d'ailleurs il enseigne qu'il est non seulement permis, mais louable de tuer les tyrans, on voit aisément jusqu'où va la conséquence de la doctrine. La plupart des docteurs du même siècle ont insisté sur l'allégorie des deux glaives; et ce qui est plus surprenant, les princes eux-mêmes et ceux qui les défendaient contre les papes, ne la rejetaient pas; ils se contentaient d'en restreindre les conséquences. Aussi avez-vous vu que les défenseurs de Henri VI contre le pape Grégoire VII, se retranchaient à dire qu'il ne pouvait être excommunié, convenant que s'il l'eût été, il devait perdre l'Empire. Frédéric II se soumettait au jugement du concile universel et convenait que s'il était convaincu des crimes qu'on lui imputait, particulièrement d'hérésie, il méritait d'être déposé. Le conseil de Saint-Louis n'en savait pas davantage et abandonnait Frédéric au cas qu'il fut coupable (1). » Il est donc constaté par le témoignage le moins suspect que, dans le moyen-âge, on croyait universellement que les mauvais rois méritent de perdre leur autorité quand ils en abusent. « Et cette doctrine, observe un historien contemporain, les docteurs français ne l'ont pas inventée, ils l'ont reçue de plus haut; Saint-Isidore

(1) Cinquième discours.

de Péluse l'enseignait au cinquième siècle; St-Grégoire de Nazianze, au quatrième (1).» Mais il paraît que malgré sa science d'historien, l'abbé Fleury ignorait ces documents et ceux que nous avons cités plus haut et avait oublié, outre le testament de Charlemagne, la célèbre réponse que fit le pape Zacharie à l'envoyé de Pépin (2).

Tout donc bien considéré, le reproche d'ignorance que certains auteurs font aux Chrétiens du moyen-âge, ce reproche tombe tout droit sur ceux qui le font.

A tout ceci ajoutons une réflexion que suggère le simple bon sens : ou les peuples sont faits pour les rois, et alors il faut admettre ce raisonnement de Caligula ; comme un pâtre est d'une nature supérieure à celle de son troupeau, les pasteurs des hommes qui sont leurs chefs sont d'une nature supérieure à celle de leurs peuples; ils sont leurs Dieux. Or vous savez les conséquences. Ou les rois sont faits pour les peuples, comme l'enseigne l'Evangile, et alors il faut reconnaître à ceux-ci un moyen de faire respecter leurs droits par leurs mandataires, sous peine de consacrer le despotisme d'une part et l'esclavage de l'autre.

LE CURÉ. Mais quel est ce moyen ? Est-ce que vous voudriez par hasard rendre aux papes le droit d'intervenir dans les questions politiques et de disposer des sceptres et des couronnes ?

LE MAIRE. Hô! monsieur, c'est si peu de cela qu'il s'agit que si les papes n'avaient renoncé eux-mêmes au pouvoir temporel, je leur crierais avec l'auteur *du Génie du Christianisme* : «La papauté doit cesser d'être un pouvoir dictatorial planant sur de futures républiques. Aujourd'hui

(1) Pépin lui avait fait demander : « quel est celui qui doit régner : ou l'homme qui pour le bien des peuples exerce depuis longtemps le pouvoir sans porter le titre de roi, ou l'homme, qui portant le titre de roi, n'en sait pas exercer la puissance ? » Le pape répondit : « qu'il lui semblait plus convenable de donner le titre de roi à celui qui exerçait la suprême puissance. »

(2) Isidore de Péluse, 1-2 ; épît. 249. — St-Grégoire de Nazianze, *oratio ad cives et Prefectum.*

que les peuples reconquièrent leurs droits, la papauté doit abdiquer naturellement les fonctions temporelles, et résigner la tutelle de son grand pupille, arrivé à l'âge de majorité. » Tout ce que je me suis proposé de montrer, c'est que les Chrétiens n'ont jamais cru que les rois sont irresponsables et ne relèvent que de leurs consciences.

LE CURÉ. La doctrine de la souveraineté du peuple est pleine de périls sans cesse renaissants. C'est pour les princes l'épée de Damoclès. Or point de sécurité pour les souverains, point de garantie de stabilité pour les gouvernements.

LE MAIRE. A vous entendre on croirait qu'il n'existe que les rois dans la société, que tout est fait pour leur bonheur et que l'on ne doit avoir souci que de leur repos. Il y a pourtant d'autres créatures plus dignes de nôtre intérêt, ce sont celles qui composent la classe la plus nombreuse et dont les rois devraient principalement s'occuper, s'ils pouvaient comprendre leur mission. Quant à la sécurité de la société, n'affectez pas de tant craindre le peuple : ce n'est pas là que l'expérience a prouvé que réside le danger, mais dans l'ambition et l'orgueil des princes. Vous connaissez cette plainte d'un sage :

<blockquote>
« Hélas ! on voit que de tous temps
« Les petits ont pâti des sottises des grands. »
</blockquote>

Cette vérité les immortels fondateurs de la liberté américaine, dans la fameuse déclaration d'indépendance, l'ont formellement consacrée par ces mémorables paroles : « L'expérience nous a montré que les hommes sont plus disposés à souffrir quand les maux sont tolérables qu'à se faire eux-mêmes justice, en abolissant les formes auxquelles ils sont accoutumés; mais quand une longue suite d'abus et d'usurpations, qui tendent universellement au même but, prouve le dessein arrêté de les soumettre à un despotisme absolu, leur droit et leur devoir sont de rejeter un tel gouvernement, et de pourvoir à de nouvelles garanties pour leur sécurité à venir. » Qui oserait s'inscrire en faux contre ces assertions, lorsque chacun sait très-bien que l'Histoire n'est que le compte rendu des criminelles folies des souverains ? La théologie même se joint aux

autres autorités pour constater à sa manière ce fait incontestable, assurant que « la puissance du pape est d'une
plus grande nécessité dans l'Eglise à l'égard des rois pour
les contraindre, qu'à l'égard de leurs sujets. » Et l'auteur
de cette proposition, Suarez, va jusqu'à faire l'éloge de
Jacques Clément (1), assassin de Henri III, et regretter,
pour l'intérêt général, qu'il n'ait pas plus d'imitateurs.

LE CURÉ. Mais cela n'est point conforme à l'exemple
des martyrs; et pourtant leur admirable résignation de-
vrait plutôt nous servir de guide que les maximes des politiques.

LE MAIRE. Je réponds :
1° Avec Bellarmin « que si les chrétiens n'ont pas autrefois déposé Néron, Dioclétien, Julien-l'Apostât et l'A-
rien-Valens, c'est que les forces leur manquaient; car
d'ailleurs ils en avaient le droit. »

2° Avec un savant historien qu'il faut distinguer ici
entre l'individu et la société. Un ou plusieurs individus,
persécutés injustement dans un état, s'ils ne peuvent ou
ne veulent en sortir, doivent plutôt se laisser tuer que
de mettre en péril le royaume entier par des conspirations;
des particuliers doivent se sacrifier au corps d'une nation.
Mais personne conçoit-il que toute une société politique,
qu'une nation entière doive se laisser détruire par un
tyran ? Pour le penser, il faudrait avoir perdu la tête,
suivant Bossuet. Si donc, après le sixième siècle, on voit
des peuples chrétiens, *quand ils ont des rois par trop
mauvais,* les déposer et s'en choisir d'autres, on a tort de
conclure que ces Chrétiens du moyen-âge méconnaissaient
la foi et l'esprit de l'Evangile (2). Outre l'enseignement
des pères, déjà relatés, n'avaient-ils pas pour exemple la
conduite des Arméniens et des Ibères. Les premiers, ayant
embrassé le christianisme vers le milieu du quatrième
siècle, et l'Empereur Maximin Daïa voulant les obliger

(1) L'opinion de Suarez, de Bellarmin et plusieurs
autres est longuement rapportée dans le *Réquisitoire contre
les Jésuites par Caradeuc de la Chalotais.*
(2) Hist. Univers. de l'Eglise cathol., t. Ier, p. 372-374.

à revenir à l'idolâtrie, prirent les armes et le battirent
honteusement (1). Devenus plus tard vassaux des Perses,
ils forcèrent également les nouveaux conquérants à respecter leur liberté et leurs croyances. Les seconds se ré-
voltèrent contre leur propre souverain, devenu persécuteur,
et ils mirent un autre à sa place (2). Et jamais père de
l'Eglise ne les a blâmés. Je n'ai pas non plus compris qu'on
ait fait un crime aux catholiques de la Scythie romaine,
de la Mésie et autres provinces, d'avoir marché contre
l'empereur Anastase et d'avoir contraint ce tyran à mettre un terme à ses excès et à ses injustices (3).

Pour ce qui est des textes de l'apôtre St-Paul, dans
lesquels le respect et la soumission pour les princes sont
recommandés, on répond qu'ils regardent, non la société,
mais seulement les particuliers, selon le sens qui vient d'être
exposé.

Il est temps d'en finir pour ce soir; mais je ne me reti-
rerai pas sans répéter que tout ce qui fait autorité parmi
les hommes : L'histoire, la théologie, les pères et les
Saintes-Écritures sont formellement contraires au système
du droit divin. On y voit la société dépositaire de l'autorité politique et libre de se donner la forme de gouvernement qui lui plaît; et, soit par elle-même ou l'intermédiaire d'une autre puissance, juger et déposer ses mandataires, lorsqu'ils violent leurs serments et deviennent
oppresseurs. Il y a plus, d'après les Ecritures et St-Augustin, la royauté est la source de l'impiété, la violation de
la dignité humaine et l'usurpation des droits des peuples.
Je ne puis donc comprendre comment vous vous flattez de
satisfaire aux nouveaux besoins de la société, par un
système qui, comme un roseau brisé, ne sert qu'à blesser
la main de ceux qui s'en font un appui et ne peut convenir
qu'à la race des tyrans qui l'ont inventé.

(1) Hist. Univers. de l'Eglise catholique, t. I, p. 372-
374.
(2) *Dito.*   t. VIII, p. 487.
(3) Hist. Univers. de l'Eglise catholique, t. VIII,
p. 581-582.

QUATRIÈME ENTRETIEN.

L'Empire, l'Orléanisme et la Légitimité.

LE CURÉ. La France a vécu jusqu'à ce jour sous le régime de la royauté, pourquoi ne pourrait-elle pas y vivre plus longtemps ?

LE MAIRE. Pourquoi ? Parce que chacun connaît aujourd'hui ses droits et que la liberté et l'égalité sont devenues les deux premiers besoins de l'époque. Mais puisque, nonobstant ce qui a été dit hier au soir, vous conservez encore quelque confiance en la monarchie, dites-moi ce qui vous porte à préférer la légitimité à toute autre forme? car monarchie pour monarchie, l'une vaut bien l'autre.

LE CURÉ. Vous croyez cela ? Expliquez-moi donc ce que serait aujourd'hui l'Empire, l'Empire sans l'Empereur.

LE MAIRE. Si ce n'est que l'Empereur qui vous manque, on en créera un.

LE CURÉ. Eh bien soit ! Mais prenez-y garde, il le faut aussi grand que le premier; sans cette condition votre Empire ne naîtrait pas viable. Ne perdez pas de vue que ce fut après des exploits inouïs, après avoir rendu la France redoutable aux autres nations, après avoir étendu l'Europe à ses pieds, que Napoléon peut aspirer au trône. Et encore afin, de s'assurer de la place où il s'était assis, eût-il besoin de se surpasser en miracles. Les prodiges certes ne lui firent pas défaut. Néanmoins dès le premier moment que la fortune paraît lui devenir infidèle, on voit le trône chanceler sous lui et bientôt se dérober à ses pieds. L'Empire n'a été qu'un météore comme le génie sur lequel il reposa tout entier et avec lequel il s'est évanoui.

LE MAIRE. Tout le monde sait que l'Empire a été de courte durée, mais connaît-on la vraie cause de sa ruine?

LE CURÉ. Les uns disent l'ambition démesurée de son fondateur; d'autres son despotisme. Je suis assez de l'avis de ces derniers.

LE MAIRE. A la bonne heure! Voilà en effet ce qu'il importe de constater afin qu'il soit bien reconnu que la nation française ne souffrira jamais à sa tête ni roi ni empereur, quel que soit son génie et sa gloire, s'il contrarie son esprit de liberté et d'égalité. Bonaparte a succombé, non parce qu'il fut vaincu, mais parce que la France n'en voulait plus. Si Paris eût cru devoir faire une résistance fort aisée de vingt-quatre heures, les résultats étaient changés. Les alliés ne nous ont point soumis, c'est nous qui, choisissant entre deux fléaux, avons renoncé à répandre notre sang, qui ne coulait plus pour nos libertés. Napoléon lui-même, prenant congé de ses soldats dans la cour de Fontainebleau, confesse hautement que la nation le rejette: « La France elle-même a voulu d'autres destinées. »

Je conçois maintenant que le neveu du Grand-Homme, lequel n'a d'autre gloire que les souvenirs de Boulogne et de Strasbourg, et qui n'a guère imité son oncle que dans ce qui a causé sa chute, n'ait aucune chance comme prétendant. Avec l'Empire aujourd'hui, nous aurions toutes les servitudes et tous les inconvéniens d'autrefois, moins le génie et la gloire. A ce prix la France n'en saurait vouloir puisqu'elle l'a repoussé resplendissant de son prodigieux éclat.

Mais si l'Empire ne peut vous aller, pourquoi le Juste-Milieu ne vous conviendrait-il pas ?

LE CURÉ. Le Juste-Milieu, grand Dieu ! L'Empire se recommande au moins par de glorieux souvenirs, mais le Juste-Milieu par quoi se recommande-t-il? Escamotage du consentement national, légitimité usurpée, corruption érigée en système, expédients au lieu de principes, cyniques duperies; l'Orléanisme s'élève sur les mépris de tous les droits; et, répudiant la gloire, courtisant la honte, il ne se maintient que par l'abaissement. Sans grandeur, sans franchise, sans génie, il s'environne de cette classe d'hommes, semblables à lui, qui sont pour le pouvoir, quel qu'il soit, parce que le pouvoir est la source des places, des faveurs, des appointements et des marchés avantageux; race des traîtres, des maltôtiers et des agioteurs, contempteurs de toute morale, qui font de la liberté l'objet de leur dérision, après en avoir fait leur cri de ralliement.

Longtemps avant 1848, de Chateaubriand avait écrit :

« Philippe, son gouvernement, tout cet ordre de choses impossibles et contradictoires, périra dans un temps plus ou moins retardé, par des cas fortuits, par des complications d'intérêts intérieurs et extérieurs, par l'apathie et la corruption des individus, par la légèreté des esprits, l'indifférence et l'effacement des caractères; mais quelle que soit la durée du régime actuel, elle ne sera jamais assez longue pour que la branche des Orléans puisse pousser de profondes racines (1). »

Nous avons vu l'accomplissement de cette sorte de prophétie; dépourvu de l'amour et de l'estime du pays, ce simulacre de pouvoir s'est écroulé à la première secousse,

(1) Mémoires d'Outre-Tombe, t. IX, p. 333.

sans trouver de défenseurs, sans laisser de regrets. Et rien ne peint mieux cette subite catastrophe que cette parole d'un prophète :

« J'ai vu l'Impie exalté comme le cèdre du Liban, je suis passé et voilà qu'il n'était plus. »

LE MAIRE. Je partage toutes vos antipathies pour l'Empire et l'Orléanisme; mais je ne me sens aucun faible pour la Légitimité; et pour parler en toute sincérité, je vous avouerai que cette forme me semble par sa nature un danger plus direct et plus imminent pour la liberté que que les deux autres.

LE CURÉ. Pour moi, je suis au contraire persuadé que, avec la stabilité des choses, Henri V nous apporterait des garanties de liberté et d'égalité, telles que son règne serait chéri de tous. Une condition d'ailleurs essentielle, fondamentale, indispensable de la liberté des individus, c'est la stabilité, la sécurité, la prospérité des états. Qui oserait se dire libre quand le sol tremble et que l'on est en proie à d'irrésistibles secousses ? Vive donc la monarchie héréditaire dont le caractère incontestable est la stabilité.

LE MAIRE. Quoique, dès le troisième entretien vous ayez entendu M. Guizot affirmer que la lutte est *l'essence même de la liberté*, et Montesquieu, que *la tranquillité* est le signe certain de la servitude, néanmoins je répondrai à vous et à Mgr. Parisis, auquel vous empruntez cette pensée et ces paroles, que vous confondez les apparences avec la réalité, et que pour éviter les agitations qui se produisent à l'occasion des élections, par exemple, agitations qui ne sont qu'à la surface des choses et qui s'apaisent dès que le jour du vote est passé, vous voulez recommencer l'ère de ces révolutions terribles qui, à des époques périodiques, bouleversent la société de fond en comble et compromettent toutes les existences. Au surplus ce n'est pas telle ou telle condition de la royauté qu'il faut examiner, mais principalement la nature de ce régime et ses tendances inévitables. Or ce qui résulte de cet examen, c'est que toute monarchie et surtout la monarchie héréditaire, étant absolue par sa nature, ne peut transiger avec la liberté que

par un mensonge dont elle cherche nécessairement à
s'adjuger le bénéfice. Toujours les porteurs de sceptre se
laissent infatuer d'une fausse idée de grandeur; ils se regardent comme des êtres divins et exceptionnels. N'essayez
pas de les rappeler au devoir quand ils violent les lois et
les constitutions; ils vous répondraient qu'ils en ont le
droit, qu'ils sont la source de la loi, qu'ils ne peuvent être
jugés par les règles ordinaires. Ce qui est un crime pour
les autres hommes cesse de l'être dans leurs personnes.
D'accord avec l'histoire, Plutarque rapporte que de son
temps « presque toutes les familles (princières) présen-
taient de nombreux exemples de meurtres d'enfants, de
mères ainsi que de femmes, » et il ajoute que « quant
aux meurtres des frères, ils sont commis sans scrupule,
parce que c'est une maxime de gouvernement, regardée
comme aussi certaine qu'un *principe de géométrie*, qu'un
roi, pour sa propre sûreté, ne peut se dispenser de tuer
son frère (1). » Le grand Frédéric de Prusse disait de
son côté : « Un roi n'est ni époux, ni père, ni frère, ni
ami : il n'est que roi. » Pour eux aussi une action hon-
teuse devient sagesse et toute injustice est justifiée par le
succès; en un mot, enivrés par le pouvoir, ils perdent les
notions de la terre; tout ce qui n'est pas à leurs autels,
pour parler comme un illustre écrivain, prières proster-
nées, humbles vœux, abaissements profonds, est impiété.
Le malheur ne leur apprend rien; l'adversité n'est qu'une
plébéienne grossière qui leur manque de respect, et les
catastrophes ne sont à leurs yeux que des insolences.
Charles X se croyait un *principe*; le comte de Chambord
n'a pas une autre opinion de lui-même. Ne met-il pas ses
droits imaginaires *au-dessus du vœu de la nation libre-
ment exprimé !*

LE CURÉ. Pour que Henri V pût tomber dans de
semblables absurdités, il faudrait qu'il fût entièrement
étranger aux idées de son siècle.

LE MAIRE. Eh n'est-on pas en droit de le supposer
quand on sait quelle a été sa première éducation ? N'a-t-

(1) Voyez les pères de l'Eglise par Genoude, t. Ier,
p. 60.

on pas pris un soin scrupuleux de l'entourer d'hommes
des vieux temps et à opinions antipathiques à l'esprit de la
France ? Pourquoi de Chateaubriand, proposé comme
précepteur par ce qu'il y a de plus sain et de plus raisonnable dans le parti légitimiste, est-il refusé ? pour avoir
adressé à Madame la Dauphine (le 30 juin 1833) une
lettre dans laquelle se rencontre ce passage :

« Ainsi, Madame, si je vous disais que la légitimité
a des chances de revenir par l'aristocratie de la noblesse
et du clergé avec les privilèges, par la cour avec ses distinctions, par la royauté avec ses privilèges, je vous trom-
perais. La légitimité en France n'est plus un sentiment;
elle est un principe en tant qu'elle garantit les propriétés
et les intérêts; mais s'il demeurait prouvé qu'elle ne veut
pas défendre ou qu'elle est impuissante à protéger ces propriétés et ces intérêts, ces droits et ces libertés, elle cesse-
rait même d'être un principe. Lorsqu'on avance que la
légitimité arrivera forcément, qu'on ne peut se passer
d'elle, qu'il suffit d'attendre pour que la France à genoux
vienne lui crier merci, on avance une erreur. La Restauration peut ne reparaître jamais ou ne durer qu'un moment, si la légitimité cherche sa force là où elle n'est
plus. »

L'éducation du comte de Chambord ne lui a donc rien
appris du siècle où nous vivons. Si nous pouvions conserver quelque doute à cet égard, il suffirait, pour les dissi-
per, du manifeste du 30 août 1850, dirigé contre les
principes de Larochejacquelin.

LE CURÉ. Nous avons de lui de solennelles promesses, bien propres à nous en donner une idée plus favorable.

LE MAIRE. Je connais ses promesses. Je sais que
dans une lettre, qu'on dit écrite de sa main, il assure que
s'il exerçait l'autorité souveraine, la naissance ne serait à
ses yeux, pour arriver aux hautes fonctions de l'état, ni un
privilège, ni une exclusion; que la préférence en premier
lieu serait donnée à la valeur personnelle. Il trouve que
les gouvernements jusqu'ici ne se sont pas assez occupés
des classes ouvrières. Quant à lui, il ferait de l'amélio-

ration de leur sort sa plus chère pensée. Étudiant sans
cesse les moyens de leur être utile, il connaît leurs besoins,
leurs souffrances; et son regret le plus grand est que son
éloignement de la patrie le prive du bonheur de leur venir
en aide et d'améliorer leur condition.

LE CURÉ. Eh bien ! n'êtes-vous pas satisfait ?

LE MAIRE. Ce serait se montrer trop difficile; car
les socialistes eux-mêmes n'ont pas d'autres désirs, et ja‑
mais les candidats royalistes n'ont tenu d'autre langage
afin d'arriver à la représentation : ce qui est pour tout
esprit attentif la plus forte preuve que le Socialisme seul
renferme le remède à tous les maux actuels de la société.
Mais dans la bouche du comte de Chambord ces belles
promesses ne sont qu'un airain sonnant : il n'en a pas plus
l'intelligence qu'un instrument de musique n'a le senti‑
ment des sons harmonieux qu'on lui fait rendre.

LE CURÉ. Mais, Monsieur, vous paraissez révoquer
également en doute les dispositions de son esprit et de son
cœur. C'est une injure; c'est une odieuse calomnie.

LE MAIRE. Oh ne vous fâchez pas ! car si l'on a pu
dire « qu'il n'y a pas de descendant de Charlemagne qui
ne se laissât fouetter trois jours de suite pour obtenir la
couronne d'Yvetot, » il est bien permis de croire que M.
de Chambord n'épargnera pas les promesses qui coûtent
si peu, pour obtenir la couronne de France. Eh quoi !
êtes-vous donc tellement prévenu en sa faveur que vous
ne vous aperceviez pas que le susdit manifeste, malgré
ce qu'on lui a fait dire depuis afin d'en atténuer la fâcheuse
impression, renferme une rétractation implicite de toutes
ses belles promesses et une protestation contre toute idée
de progrès. Ce qu'il veut donc, c'est le pouvoir absolu, tel
que ses ancêtres l'exercèrent; ce pouvoir que Mgr. Parisis
lui-même abandonne comme un trop grand danger pour
la liberté des peuples; ce pouvoir qui signala sa naissance
sous Henri IV, par la suppression de tous les écrits du temps
et la défense, sous peine de la vie, de les imprimer et de

les vendre, et qui bientôt après jeta toutes les libertés à la voirie (1).

Au reste, ainsi que nous l'avons déjà insinué, toute royauté a une pente naturelle dont le terme fatal est le despotisme. Aucun obstacle ne saurait l'empêcher d'en suivre le cours. Dieu l'a formellement déclaré dans ses avertissements au peuple d'Israël demandant d'être gouverné par un roi (2), et l'histoire en fournit partout la preuve.

Ne vous ai-je pas dit pareillement avec de Chateaubriand que le malheur n'apprend rien aux rois ? En quoi, je vous prie, profitèrent aux aïeuls de Henri V les leçons qu'ils reçurent à la même école ? On peut un moment croire qu'ils avaient compris leur siècle; mais on commença à se désabuser quand on vit que la Charte était *octroyée* et non *jurée*, et de Chateaubriand dont la plume avait plus servi la Restauration, de l'aveu même de Louis XVIII, qu'une armée de quarante mille hommes, éloigné et presque disgrâcié pour avoir composé un ouvrage qui avait pour titre : *De la Monarchie selon la Charte*.

Non encore une fois rien n'instruit les rois, rien ne peut les changer. Quoi de plus évident que cette vérité après les révolutions dont nous venons d'être témoins ? Napoléon abandonné par la nation à cause de son despotisme, est forcé de s'exiler dans le sentiment de son délaissement. L'infortune l'instruit-elle ? Lui inspire-t-elle plus de modération dans l'exercice du pouvoir à l'égard d'hommes dont il n'était d'abord que le concitoyen et l'égal ? D'illusoires concessions sous le nom *d'articles additionnels à la Constitution de l'Empire*, c'est tout ce qu'il peut faire, à son retour de l'Ile-d'Elbe, pour regagner l'affection de la France.

La Restauration, qui vient s'asseoir deux fois sur ses irréparables ruines, et qui est saluée avec transport par la jeunesse parce qu'elle abat le despotisme et relève la liberté, la Restauration ne sait pourtant qu'aller à reculons dans la voie où elle est si glorieusement entrée, et qui lui promet durée et prospérité. Le roi se croit toujours en

(1) Études ou discours histor., t. IV⁰, p. 411; 431.
(2) Livre Iᵉʳ des rois, ch. VIII.

droit de retirer les concessions qu'il a faites dans la Charte;
il essaie de reconstituer les majorats et les droits d'aînesse.
La censure est rétablie; la presse est opprimée; on s'ef-
force de reprendre une à une toutes les précieuses conquêtes de la révolution jusqu'à ce que le peuple, se ré-
veillant en sursaut, force la monarchie éperdue à s'ache-
miner de nouveau vers l'exil.

Louis-Philippe, qui a assisté à la chute de Napoléon et
de la Restauration, qui a étudié tout à l'aise la cause de
ces deux catastrophes, le roi citoyen, l'élu du peuple, né
des barricades et engagé à la Charte par ses serments,
renouvelle toutes les erreurs de ceux qui l'ont devancé,
et, malgré son habileté incontestable et mille avertissements, Louis-Philippe va se précipiter dans l'abîme commun.

Ces fautes et les abîmes qu'elles ont appelés, il faut les
attribuer, non aux caractères particuliers des princes qui
en ont été les auteurs et les victimes, mais, selon la
maxime du publiciste le plus profond et du politique le
plus compétent, Montesquieu et Washington, *à l'homme
dans le cœur duquel l'amour du pouvoir et le penchant à
en abuser dominent, à l'homme plus avide de l'autorité
à proportion qu'il en a davantage et qui ne désire tout
que parce qu'il possède beaucoup* (1). C'est surtout sous
la monarchie que ces funestes penchants se développent
sans obstacle. On a beau tenter de la modérer et de la
contenir en de justes bornes, ainsi qu'on l'a essayé par le
régime constitutionnel, la facilité d'abuser demeure à peu
près toujours la même. Comment donc espérer que l'éducation ou le malheur instruiront les princes et les chan-
geront de manière à les rendre assez forts pour résister à
une tentation au-dessus des forces humaines? L'histoire
nous a appris à ne pas compter sur de pareils miracles.

Si vous voulez le permettre, Monsieur, nous nous
arrêterons-là pour le moment; car j'ai à parler avec une
personne qui doit, à l'heure qu'il est, m'attendre chez
moi; mais ce ne sera pas long.

(1) Adresse d'adieu au peuple des Etats-Unis, Washington (par M. Guizot), p. 142. Considération sur les
causes de la grandeur des Romains et de leur décadence,
ch. XI.

SUITE DU QUATRIÈME ENTRETIEN.

Que veulent les Royalistes ?

LE MAIRE. Je viens de rencontrer l'abbé R***; je lui ai demandé par forme de plaisanterie, mais avec le désir d'avoir son opinion, s'il ne pourrait pas m'expliquer comment le mot *tyran*, qui dans le principe n'avait rien d'odieux et signifiait simplement roi ou chef, est devenu synonyme de despote. La raison est facile à trouver, m'a-t-il aussitôt répliqué, c'est que tous ou la plupart de ceux qui l'ont porté ont eu une conduite odieuse et despotique; c'est pourquoi les anciens Grecs, les Carthaginois et les Romains, desquels nous les tenons, se dégoûtèrent à bonne heure de la royauté et lui substituèrent la République. Cette explication m'a rappelé le mot fameux de l'empereur Alexandre; Mme de Staël le complimentant sur le bonheur que ses sujets, privés de Constitution, avaient d'être gouvernés par lui, il lui fit cette admirable réponse: « Je ne suis qu'un heureux accident. » Effectivement des souverains équitables et humains sont des accidents fort rares : à peine notre histoire nous en fournit-elle trois exemples dans l'espace de plus de neuf cents ans; encore a-t-on pu dire de celui qui a été le plus vanté de tous : « le Béarnais était ingrat et gascon, oubliant beaucoup et tenant peu (1). » Les chances sont donc trop peu favorables pour qu'il soit sage d'en courir de nouveau les risques. Du reste ce n'est pas de l'inconnu qu'il s'agit : la royauté a repris le timon du gouvernement sous le nom de République et déjà nous avons la mesure de tout ce qu'elle peut faire pour le bonheur du peuple.

LE CURÉ. Vos paroles ont besoin d'explication; car je ne vous comprends guère.

LE MAIRE. Je veux dire que la situation des royalistes est des plus avantageuses et que s'ils étaient capables de quelque bien, ils ne pourraient avoir une meilleure occasion de montrer ce que l'on peut espérer de la royauté. La monarchie et les royalistes sont solidaires; même nature, mêmes privilèges, même instinct et mêmes tendances. Leurs intérêts sont tellement identiques, tellement

(1) Etudes hist., t. IV; p. 415.

confondus que pour les défendre, ils sont dans la nécessité de se prêter un mutuel appui. Ce que l'un veut, l'autre est forcé de le vouloir, et réciproquement. Comme donc une monarchie n'est pas libre, forcée qu'elle est de se laisser aller au courant que lui impriment ses partisans, il suffit, pour la juger, de connaître les actes de ces derniers. Voyons alors ce que font les royalistes depuis qu'ils gouvernent le pays. A s'en tenir à leurs promesses, il y aurait sans doute lieu d'en être tout aussi satisfait que de celles des divers prétendants. Malheureusement ce ne sont plus des promesses que nous demandons, mais des œuvres. Il y a déjà longtemps que les fleurs sont écloses : où sont les fruits ? Tout ce que les royalistes ont produit, ce sont des mesures plus ou moins liberticides; mais en faveur du peuple, des travailleurs, de l'industrie et de l'agriculture, rien. Ils ne semblent même pas se douter qu'il y ait un peuple et parmi ce peuple, grand nombre d'hommes souffrants et nécessiteux; ils n'ont fait preuve de vie et d'énergie que pour nous enlever nos plus chères conquêtes.

LE CURÉ. Les nôtres ont eu à lutter contre les soi-disant du progrès. Afin de se ménager la liberté d'agir, il fallait songer avant tout à s'en débarrasser.

LE MAIRE. Vaine excuse, prétexte hypocrite! La liberté est trop précieuse pour qu'on doive jamais la sacrifier. Ce n'était donc pas là le moyen de combattre avec avantage les adversaires. Il fallait au contraire chercher à les vaincre en dévoûment pour la multitude et proposer sérieusement les améliorations que réclament les circonstances, dont vous reconnaissez vous-mêmes la nécessité dans vos journaux, et dans vos correspondances et celles de vos prétendants. Alors le peuple eût connu une bonne fois de quel côté sont ses amis : et vous seriez vraiment forts parce que le pays serait avec vous et pour la royauté. Mais ayant fait tout le contraire, votre parti s'est perdu dans son esprit : il le regarde avec défiance et répète avec une pleine conviction qu'il ne fait rien pour lui parce que, dans le système des royalistes, il est impossible d'avoir de volonté et de force que pour s'opposer au progrès. Le peuple a envoyé tels ou tels à l'Assemblée, comme ses représentants, non pour eux, mais pour lui; non pour leurs intérêts privés, mais pour l'intérêt public, et sur la promesse formelle de travailler pardessus tout, non point au triomphe de certains systèmes, mais à l'allégement de ses charges, à l'amélioration de son sort. D'où vient donc qu'ils ne s'en occupent pas plus que s'il n'existait pas et que s'ils étaient seuls en France ? Oh ne parlez plus d'obstacles de la part des socialistes : est-ce que votre parti ne l'emporte pas en nombre; ne gouvernez-vous pas, ne régnez-vous pas en souverains ? Jamais même avec un roi aux Tuileries, vous ne serez aussi puissants qu'aujourd'hui. Si donc vous ne faites usage de l'autorité dont la nation vous a revêtus, que pour entamer ses libertés, c'est que vos intérêts personnels sont opposés au bien commun et que les principes de l'égalité et de la liberté sont incompatibles avec la royauté et avec des privilèges que vous aimez et auxquels vous ne voulez pas renoncer. Un écrivain légitimiste, l'auteur des *Mémoires d'Outre-Tombe d'un peuplier*, avance sans détour ni précautions oratoires que *la liberté et l'égalité sont une énigme*, une chose absurde, impraticable. Et il consacre deux longs chapitres de son livre à prouver et à persuader son dire à ses lecteurs. A la bonne heure; c'est montrer qu'on comprend la royauté, c'est être conséquent avec ses principes et agir loyalement. Imitez sa franchise, ô Royalistes, et cessez de faire comme M. d'Arlincourt, dans son *Place au Droit*. D'un côté, il crie : « Affranchissement, liberté, régénération, mots de déception, de ruine et de sang, suicides de la raison. » De l'autre : « Il est temps de revenir à une forme gouvernementale (la légitimité) nécessaire à la liberté comme à l'ordre. » Soyez sincères et vrais, qu'est-ce qui vous pousse vers la monarchie ? Est-ce l'amour du peuple ? Ha ! de grâce ne dites pas cela; aussi bien qui vous croirait ? Les niais même ne sont plus dupes de vos jongleries. Il y a déjà du temps que de Chateaubriand, pressé par vous de se mettre à la tête de vos intrigues, vous répondait : « Vous savez que j'aime sérieusement la liberté, et il m'est évident que les meneurs de cette affaire ne veulent point de liberté; qu'ils commenceraient, demeurés maîtres du champ de bataille, par établir le règne de l'arbitraire. Ils n'auraient personne, ils ne m'auraient pas surtout pour les soutenir dans ces projets (1). » Ce que vous vouliez, quand le grand publiciste, l'homme qui vous a vus de plus près, vous a étudiés le plus longtemps et vous a le mieux jugés, vous faisait cet humiliant refus, vous le voulez encore. Pas plus que celui que vous appelez complaisamment *votre maître*, vous n'avez changé ni pu changer. Ce que vous vous proposez dans la monarchie, c'est la conservation de vos privilèges, la satisfaction de votre orgueilleuse ambition, et la jouissance paisible et exclusive de tous les avantages de la société, dont d'autres portent les charges.

(1) Mémoires d'Outre-Tombe, t. X, p. 84.

CINQUIÈME ENTRETIEN.

Quel est aujourd'hui le seul gouvernement possible ?

LE MAIRE. Hé bien ! monsieur le curé, persistez-vous dans la même persuasion par rapport aux véritables dispositions des royalistes et des prétendants ?

LE CURÉ. A vous dire vrai, je ne sais plus qu'en penser.

LE MAIRE. Un profond observateur, également instruit de la politique du siècle et de ses besoins, a dit que « les deux premiers barons de l'âge moderne, la liberté et l'égalité, sauraient bien forcer Henri-Sans-Terre à donner une grande Charte.» N'importe, ces gens ne peuvent sortir de leurs illusions; ils ne se proposent rien moins, à l'heure qu'il est, que de faire reculer le monde jusqu'à seize cent et quelques.

LE CURÉ. Quelle folie !

LE MAIRE. Oui, mais il faut convenir aussi qu'ils voient les choses d'un point qui n'est pas le nôtre. Pour eux les révolutions ne sont que des surprises ou l'effet de la médiocrité des hommes, des frayeurs folles, des brouilleries implacables, des haines, des ambitions, des présomptions des uns, des préjugés des autres; des conspirations secrètes, des ventes, des mesures bien ou mal prises, du courage ou du défaut de courage. Ne leur parlez pas de progrès : ils n'y croient pas. Parce qu'ils sont toujours les mêmes, il leur semble que les hommes et les choses sont toujours dans le même état, que rien ne change autour d'eux. C'est en vain que pour les convaincre, vous emprunteriez ces paroles à un grand publiciste: « Ne pensez donc pas que l'œuvre de Juillet soit une superfétation d'un jour; ne nous figurons pas que la légitimité va venir rétablir incontinent la succession par droit de primogéniture; n'allons pas non plus nous persuader que juillet mourra tout à coup de sa belle mort. Sans doute la branche d'Orléans ne prendra pas racine; ce ne sera pas pour ce résultat que tant de sang, de calamité et de génie aura été dépensé depuis un demi-siècle ! Mais juillet, s'il n'amène pas la destruction finale de la France avec l'anéantissement de toutes les libertés, juillet portera son fruit naturel : ce fruit est la démocratie (1). »

Et pourtant quoi de plus propre à convaincre que ces paroles ! Elles ont été écrites longtemps avant les événements dont nous sommes témoins et par le serviteur le plus fidèle et le plus dévoué de la branche aînée des Bourbons, qui l'a servie de son épée et de sa plume, et lui a sacrifié jusqu'à sa fortune.

LE CURÉ. Les opinions de Chateaubriand sont certainement bien imposantes; mais n'étant pas parole d'Evangile, je ne crois pas qu'il y ait obligation d'admettre tout ce qu'il dit.

LE MAIRE. Je vois bien que vous êtes de ceux pour lesquels la République n'est qu'un rêve. Comme tous ceux de votre parti, vous l'avez désirée durant le règne du Juste-Milieu, non pour elle-même, mais comme un moyen indispensable pour revenir à la légitimité, et bien que depuis plus de trois ans, nous soyons en pleine démocratie, vous ne pouvez la croire possible. Or de deux choses l'une : ou vous êtes persuadé que le monde, depuis 1774, n'a pas fait un pas; ou vous partagez l'erreur de ceux que tout à l'heure vous traitiez d'insensés : vous voulez revenir en arrière.

Dans le premier cas, il faut non seulement ignorer que les événements n'avancent qu'à la suite des idées, mais nier les faits mêmes; regarder comme non avenues tant de révolutions et s'estimer plus clairvoyant que les hommes les plus éminents, lesquels enseignent unanimement que l'univers a changé autour de nous et qu'une ère nouvelle a commencé. Chef de deux autorités suprêmes, doublement autocrate par l'épée et par la religion, Alexandre avait déjà compris, lors de l'invasion, qu'à l'âge de civilisation auquel la France était arrivée, elle ne pouvait être gouvernée qu'en vertu d'une Constitution libre (2). Et en 1851, à la vue de mille prodiges de toutes sortes, après d'étonnantes découvertes qui annoncent une révolution dans les arts de la paix et de la guerre, lorsque politique, mœurs,

(1) Mémoires d'Outre-Tombe, t. IX, p. 409.
(2) Voyez Mémoires d'Outre-Tombe, t. VII, p. 227.

tout prend un autre caractère, des français refusent d'admettre le progrès! Autant vaudrait-il nier le mouvement du globe pour la très-forte raison qu'on ne le sent pas.

Quant à rétrograder ou même à enchaîner le progrès, n'y songez pas : l'immobilité politique est impossible, force est d'avancer avec l'intelligence humaine. Quel moyen connaissez-vous de refouler les idées ou de les empêcher de circuler? Vainement multiplie-t-on les douanes, les gendarmes, les espions de police, les commissions militaires : les principes ne se laissent saisir ni mettre au cachot. Les talents, l'esprit, la souplesse, la ruse, les expédiens ne sauraient avoir plus de succès. Quel est le génie assez puissant, je ne dis pas pour arrêter le soleil, mais pour empêcher un fleuve de reporter ses eaux à la mer? Et vous vous flatteriez de forcer les siècles à remonter leurs cours! Folie, extravagance inouïes !!

LE CURÉ. J'ai déjà reconnu l'impossibilité de rétrograder, mais je ne crois pas que la France soit républicaine.

LE MAIRE. Qu'est-elle donc? royaliste apparemment. Mais quoi la royauté est incompatible avec les premiers besoins du siècle, et la France serait royaliste ! La République est debout depuis trois ans au milieu de nous; elle se soutient malgré les continuels efforts que font pour la renverser ceux qui ont réussi à se placer à sa tête, et la France serait royaliste ! Dans un espace très court, elle a décapité un roi et a chassé successivement trois souverains de son sein, et la France serait royaliste ! Singulière logique vraiment ! Ne vous en déplaise, Monsieur, je préfère celle de l'auteur du génie du christianisme dans ce raisonnement : « Puisqu'aucun pouvoir n'est inviolable, puisque le sceptre héréditaire est tombé quatre fois depuis trente-huit ans; puisque le bandeau royal, attaché par la victoire, s'est dénoué deux fois de la tête de Napoléon; puisque la souveraineté de juillet a été incessamment assaillie, il faut en conclure que ce n'est pas la République qui est impossible, mais la monarchie (1). »

Cette parole est dure; il faut pourtant, bon gré, mal gré,

(1) Voyez Mémoires d'Outre-Tombe, t. XI, p. 345.

se résigner à en reconnaître la vérité. Ce qui est cause que la royauté n'a pu se soutenir parmi nous et ce qui la rend désormais impossible, c'est que, désirée par quelques-uns, seulement en vue d'une ambition ou d'un intérêt individuels, elle est repoussée par la masse de la nation et principalement par nos mœurs. Dans cette condition elle n'a de fondements possibles que la force et la corruption. Sa politique obligée, c'est d'avilir, de diviser, de comprimer. Elle étouffe tout ce qui a de la tête et du cœur et peut en donner; elle a en horreur les associations, les assemblées, les repas publics, les écoles, les réunions littéraires; elle emploie tout au monde pour empêcher les fréquents rapports des citoyens entre eux, parce qu'elle n'ignore pas que la connaissance produit la confiance mutuelle; elle a partout et jusque dans l'intérieur des familles, des espions pour connaître ce qui se fait et se dit. Elle sème habilement la défiance entre les classes diverses de la société; et loin de pouvoir jamais réduire les charges publiques, elle est contrainte de les augmenter sans cesse pour solder ses suppôts. En un mot c'est la tyrannie, telle que l'a peinte (1) Aristote; telle qu'on l'a vue dans tous les siècles et particulièrement dans le nôtre.

La monarchie se rend donc impossible par les moyens mêmes qu'elle est obligée de prendre pour se maintenir; car la France ne supportera point, elle en a donné plus d'une fois la preuve, un régime qui la dégrade ou l'opprime.

Ajoutez à ce premier inconvénient que tout ce qui militait autrefois en faveur des rois : lois, mœurs, usages, classes, privilèges, corporations, n'existe plus. Autrefois une colombe descendait du ciel pour apporter l'huile sainte du sacre, et les anges gardiens se montraient à côté des souverains pour les protéger; mais l'âge des fictions est passé en politique; on ne peut plus avoir un gouvernement de culte et de mystère; chacun connaît ses droits et rien n'est possible hors des limites de la raison.

LE CURÉ. Soit; mais l'antiquité n'est-elle pas quelque chose d'imposant et de bien propre à satisfaire la **raison ?**

(1) **De Répub. L. 5; c. II.**

LE MAIRE. Je l'avoue, l'antiquité est toujours vénérable; toutefois le respect qu'on lui doit ne peut pas aller jusqu'à nous faire accepter des dogmes politiques usés et flétris, parce que, durant de longs siècles, nos pères y ont ajouté foi sans examen. L'histoire de la royauté dissipe chaque jour les prestiges dont son antiquité l'avait entourée. Sans parler des crimes de toute sorte dont elle se souille dans le reste de l'Europe par les efforts qu'elle fait pour retenir un pouvoir qui lui échappe, que d'humiliations n'a-t-elle pas eu à subir parmi nous dans ces derniers temps ! Un trône rougi du sang royal; gravement compromis par les parjures de Charles X; plus lâchement abandonné au moment du péril; puis honteusement mendié par Louis-Philippe dans la rue et au son du tambour; déshonoré par de nouveaux parjures; conservé, pendant quelques années, par mille bassesses et au prix de l'honneur national; enfin devenu le jouet de l'orgie; traîné dans la boue et brûlé en pleine place publique au milieu des huées de la foule, tel est le spectacle dont nous avons été témoins pendant ces soixante dernières années. Qui donc est doué d'une foi assez robuste pour conserver encore quelque illusion sur le trône ?

Dans ses divers naufrages, le vaisseau de la royauté s'est fracassé et divisé en trois parties. Chacun de ces débris a hissé un pavillon particulier: le pavillon de l'Empire, de l'Orléanisme, et de la Légitimité. Chacun a appelé à soi, comme à la seule planche de salut, les malheureux luttant dans les flots. Puis ils se sont séparés, se vouant une haine irréconciliable. Quel sera maintenant le génie qui entreprendra le radoub de ce vaisseau? Qui se sentira assez de puissance pour réunir des parties qui se repoussent invinciblement? Que la force relève un moment un de ces débris submergés dans la démocratie, c'est ce qui peut absolument arriver, mais le soutenir longtemps à la surface de l'abîme, la chose n'est pas possible. Rappelons ici ces paroles du maître : « Tout royaume divisé contre lui-même sera désolé; nulle cité ou nulle maison, divisée contre elle-même, ne se soutiendra (1). » La division est le signe infaillible de la ruine. Espérez donc encore, si vous en

(1) Matth. XII, v. 25.

avez le courage, en la royauté; pour moi, je ne puis ne pas m'écrier avec de Chateaubriand : « Je crois moins au retour de Henri V que le plus misérable Juste-Milieu ou le plus violent républicain (1). »

LE CURÉ. Vous voulez donc absolument la République; mais sommes-nous faits pour elle; en avons-nous les mœurs ?

LE MAIRE. Il y a quelques vingt ans, les politiques, ayant à leur tête de Bonald, prétendaient que la République est contre la nature de la société. Comme la Constitution démocratique des Etats-Unis dérangeait un peu leur système, ils soutenaient y avoir découvert certains ferments de ruine qui ne devaient pas tarder à se manifester. La paix durable dont jouit ce gouvernement, sa prospérité sans cesse croissante, une population dont le développement est si prodigieux qu'elle a plus que doublé depuis dix ans, et égale presque celle de la France (les derniers recensements ont donné trente millions environ d'habitants), tant de bonheur et de progrès, tandis que l'Europe monarchique est en proie à de continuelles convulsions, ont rendu cette assertion plus que ridicule. Personne donc, si ce n'est M. d'Arlincourt, n'ose soutenir aujourd'hui que la République est de sa nature impossible et pernicieuse. Mais on assure qu'elle ne convient pas au caractère français. Qu'Aristote, privé des lumières dont nous sommes éclairés et croyant qu'il y a des hommes qui sont, les uns, *rois par nature;* les autres, *esclaves par nature,* ait également cru qu'il y a des peuples *naturellement royalistes,* d'autres *naturellement aristocratiques,* d'autres enfin *naturellement démocratiques* (2), cela se conçoit parce que c'est logique. Mais que des théologiens se rendent l'écho complaisant d'une pareille absurdité, c'est ce qu'il n'est pas facile d'expliquer. Comment se fait-il, peut-on demander à ces profonds publicistes, que ce qui est bon à un peuple ne le soit pas à tous ? Quoi ! « Trois degrés d'élévation du pôle renversent toute la jurisprudence. Un méridien décide de la vérité. Les lois fondamentales changent. Le droit a ses époques. Plaisante

(1) Mémoires d'Outre-Tombe, t. X^e, p. 288.
(2) De Répub. L. 3; c. 17.

justice qu'une rivière ou une montagne borne : vérité en deçà des Pyrénées, erreur au delà (1). » Pour moi je déclare ne pas avoir assez de portée d'esprit pour m'élever jusqu'à cette métaphysique. Mais certes il y a lieu de s'en consoler lorsque le grand génie de Pascal n'a pu la comprendre. Quand donc cessera-t-on de se faire d'une aussi misérable idée un prétexte de réaction?

Les français assure-t-on n'ont pas les mœurs qui conviennent à des républicains. Il y a pourtant un bon nombre d'années qu'un illustre écrivain a dit : « le parti démocratique est le seul en progrès, parce qu'il marche vers le monde futur. » (2) « La France est sous la domination d'une idée hostile au trône; un diadème dont on reconnaît d'abord l'autorité, puis que l'on foule aux pieds; que l'on reprend ensuite pour le fouler aux pieds de nouveau, n'est qu'une inutile tentation et un symbole de désordre. On impose un maître à des hommes qui semblent l'appeler par leurs souvenirs, et qui ne le supportent plus par leurs mœurs. » (3) « La France nouvelle est républicaine; elle ne veut plus de roi, du moins elle n'en veut plus de la vieille race (4). » Elle a prouvé depuis qu'elle n'en veut pas davantage de la nouvelle. Ses mœurs sont donc tout-à-fait républicaines en ce sens qu'il lui faut avant tout *la liberté et l'égalité*. Tout gouvernement qui ne les prendra pas pour fondement ne se consolidera jamais dans son sein. Que nous n'ayons pas les vertus qui conviennent le mieux au régime républicain, nous ne pouvons en disconvenir. Où les aurions-nous prises ces vertus? Est-ce sous l'influence égoïste, corrompue et corruptrice du dernier règne? Les anciens disaient : *qui naît dans l'esclavage, naît pour l'esclavage*. Et, nous, nous disons par opposition : qui naît en liberté, naît pour la liberté. Les fleurs des saisons chaudes ou tempérées ne sauraient éclore en hiver : elles ont besoin de la brise tiède du mois de mai. Il en est de même des mœurs républicaines : les institutions monarchiques leur sont mor-

(1) Pensées de Pascal. Voyez aussi Montesquieu. Défense de l'esprit des lois *Climat*.

(2, 3, 4). Mémoires d'Outre-Tombe, t. XI, p. 349, p. 345; t. IX, p. 332.

telles; elles ne peuvent naître et fleurir que sous l'influence des lois démocratiques.

Du reste si ceux qui nous opposent Aristote, ne s'étaient arrêtés à une sentence isolée de ce qui la précède et la suit, ils auraient reconnu qu'il nous est favorable, même dans l'hypothèse la plus désavantageuse, c'est-à-dire, en supposant que nous soyons dépourvus de toutes vertus: que dit-il en effet ? Que « la corruption de la royauté, ou la tyrannie (aujourd'hui inévitable) est ce qu'il y a de pire, et celle de la démocratie, ce qu'il y a de plus modéré. On serait tenté de croire le contraire. C'est qu'on juge ordinairement d'après le bruit que l'on entend, et que le peuple tyran fait beaucoup plus de bruit que de mal; tandis que le tyran qui porte le nom de roi fait plus de mal et moins de bruit. » Le prince de la philosophie est encore plus explicite quand il ajoute : « Il se peut que le grand nombre, parmi lequel il n'est pas un individu vertueux, devienne cependant, lorsqu'il est assemblé, meilleur qu'un petit nombre d'hommes excellents; non pas considérés individuellement, mais pris tous ensemble. De même que les repas où chacun paie sa part, sont plus splendides que ceux dont un seul fait la dépense; car le nombre étant considérable, chacun a une portion de vertu et de prudence, de sorte que cette multitude, en s'assemblant, devient comme un seul homme ayant plusieurs pieds, plusieurs mains et plusieurs sens. Il en sera de même pour les mœurs et pour l'intelligence..... La multitude est d'ailleurs moins accessible à la corruption que quelques hommes ou qu'un seul. Aussi juge-t-elle mieux de beaucoup de choses que quelque individu que ce soit (1). »

Vous parlez des mœurs républicaines, or les populations américaines les possèdent-elles mieux que nous? Veuillez considérer de quels éléments elles se composent. C'est un pêle-mêle d'hommes de toutes nations, de toutes langues, de toutes mœurs, de tous climats, de toutes religions, et la plupart façonnés aux mœurs de la monarchie tant par les idées dominantes de leurs premières patries que par leur éducation domestique. Selon un article de

____

(1) De Répub., lib. 3, c. 11 et 15.

l'*Univers* du mois d'octobre dernier (1850), le caractère spécial des populations des Etats-Unis, c'est la cupidité, la mauvaise foi, l'amour du confortable. Et certes la chose paraît assez probable à quiconque réfléchit quels sont ordinairement les individus qui quittent leurs pays natals pour aller tenter fortune sur une terre étrangère. La force d'un gouvernement dépourvu ainsi de vertus dans ses membres, formé de tant de parties diverses et même opposées, ne peut résider évidemment dans les mœurs générales. Tout donc bien mûrement et loyalement pesé, il est clair qu'il doit exister beaucoup moins de difficulté à gouverner une nation proprement dite, telle que la France, dont les différentes parties font un tout compacte et uni, qu'une multitude si diversement composée. Mais si la force du gouvernement américain ne réside pas dans les mœurs générales, où donc est-elle, sinon dans l'excellence de sa Constitution, dans l'excellence naturelle de la République ? C'est en tout point la réalisation de ces paroles de Montesquieu : « La douceur du gouvernement contribue merveilleusement à la propagation de l'espèce. Toutes les républiques en sont une preuve constante. »

« Rien n'attire plus les étrangers que la liberté et l'opulence qui la suit toujours : l'une se fait rechercher par elle-même, et les besoins attirent dans le pays où l'on trouve l'autre.

« L'égalité des citoyens (ceci est remarquable), qui produit ordinairement l'égalité des fortunes, porte l'abondance et la vie dans toutes les parties du corps politique, et la répand partout (1). »

Ce serait pareillement une énorme erreur de s'imaginer que le gouvernement de l'Union s'est établi sans difficultés et que dès le commencement tout a été fleurs et prospérités sans mélange. Il n'en va pas ainsi des révolutions sociales. Quelles sont les douleurs qui lui ont été épargnées pendant ses dix longues années de transformation ? Trahisons, lâchetés, acharnement des partis, systèmes outrés, déchirements intérieurs, guerres civiles, anarchie partout, dépérissement de l'agriculture, crise financière et commerciale, découragement universel, toutes les péri-

____

(1) Lettres persannes, lettre CXIII.

pétics en un mot que nous endurons, il les a subies, et quelques-unes bien plus cruellement que nous. Le mal devint si *grave que tous les esprits condamnèrent la République* (1) et que l'on entendit un jour le grand Washington, cette âme si fortement trempée, s'écrier : « Dieu de bonté, qu'est-ce que l'homme qu'il y ait dans sa conduite tant d'inconstance et de manque de foi ? C'était hier que nous versions notre sang pour obtenir les constitutions sous lesquelles nous vivons, des constitutions de notre choix, de notre main ! Et maintenant nous tirons l'épée pour les renverser (2). »

« Le passage de l'enfance à l'adolescence est pour les êtres vivants une époque de crise et de changement. La voix, la taille, les formes, les goûts, les pensées mêmes deviennent autres. Tout l'individu est en fermentation jusqu'à ce que ses divers éléments aient pris un certain équilibre. Rome éprouva cette crise naturelle (3) : » Les Etats-Unis l'éprouvèrent, il y a peu de temps. Aujourd'hui c'est le tour de la France. Oh! voulez-vous que je vous dise en quoi consiste véritablement la différence entre la République américaine et la nôtre, en ce qui concerne le calme et la prospérité présents ? Le voici : 1° celle-là ne connaît pas de vieille aristocratie, accoutumée au privilége, ne voulant s'en déshabituer et s'épuisant en suprêmes efforts afin de retenir ce qui lui échappe; elle n'a pas non plus à se défendre contre une foule de prétendants, nourrissant l'intrigue et la division dans son sein pour une couronne qu'ils disent leur appartenir. Tandis que celle-ci récèle toutes ces anomalies dans ses entrailles déchirées; 2° celle-là achève son travail de transformation et celle-ci le commence. Telle est toute la différence entre les deux gouvernements; telle est aussi toute la difficulté pour nous. Soyez sûr que l'aristocratie ramenée à la raison et les prétendants déboutés, la République française sera aussi

(1) Encyclopédie cath., 87e livraison (Etats-Unis), p. 434.

(2) Washington (par M. Guizot), p. 63.

(3) Hist. Univers. de l'Eglise cathol, t. III, p. 487.

calme et aussi florissante que sa sœur aînée d'Outre-Mer (1).

Mais que la France et les autres peuples, qui veulent se rendre libres, n'oublient jamais qu'il a fallu aux Etats-Unis sept ans de sacrifices et de sanglants efforts pour conquérir leur indépendance, et dix ans de crises et de douleurs pour se fonder par les lois. Que l'exemple de leur résignation, d'une part, le spectacle de leur prospérité de l'autre, les guident et les soutiennent : le bonheur et la liberté sont le prix du sacrifice.

Tandis que la royauté semblait encore florissante et pleine d'avenir, le grand penseur, dont nous avons si souvent invoqué l'autorité, méditant sur les catastrophes dont il voyait, dans le lointain, la société menacée, se rassurait dans le pressentiment « d'une grande république, émargeant de ce cataclysme social, habile du moins à hériter des conquêtes de la révolution, à savoir : la liberté politique, la liberté et la publicité de la pensée, le nivellement des rangs, l'admission à tous les emplois, l'égalité de tous devant la loi, l'élection et la souveraineté populaires (2).» On sait maintenant si ces espérances étaient illusoires. Ajoutez à ces bienfaits la fidélité de la démocratie à conserver le dépôt des nobles espérances et des généreuses traditions. N'est-ce pas elle également qui rêve l'indépendance des nationalités, qui veille aux intérêts du faible et au bien-être du pauvre travailleur ; qui a demandé et demande encore chaque jour qu'un rayon de science vienne éclairer l'intelligence du paysan et de l'ouvrier ?

LE CURÉ. Il est vrai ; mais nous désirerions beaucoup moins de paroles et plus d'effets.

(1) On sait que non-seulement la République telle quelle, mais encore la démocratie triomphent aux Etats-Unis. Le pouvoir est échu à celle-ci dès la troisième présidence en la personne de Jefferson. Inutile de dire que les sinistres prédictions de leurs adversaires politiques ne se sont nullement accomplies. Les financiers seuls n'ont pas eu à se louer du changement : ils y ont perdu la trop grande facilité à s'enrichir et leur influence politique ; mais la nation y a gagné.

(2) Mémoires d'Outre-Tombe, t. X, p. 93.

LE MAIRE. Ha ! vous désireriez plus d'effets ? Et nous aussi ; mais pourquoi ne portez-vous pas la faucille aux champs avant d'y aller avec la charrue ? C'est probablement qu'il faut semer avant de récolter et que la nature a placé l'hiver et le printemps avant la saison des moissons. Conformez-vous donc aux lois de la nature dans l'ordre politique, et ne devancez pas les temps. Souvenez-vous qu'il fut un moment où les prétendus habiles regardèrent la société américaine comme perdue, et se demandèrent *si jamais il y avait eu des Etats-Unis* (1).

Ha ! vous voudriez plus d'effets ? Et nous aussi. Or, vous savez très-bien que ce n'est pas de nous qu'ils dépendent pour le moment. Quoi ! vous espéreriez encore faire prendre le change et rendre la République responsable des maux dont vous êtes les auteurs, et des biens que vous négligez ; il est donc nécessaire de vous répéter que personne ne peut plus être trompé et que c'est à votre parti qu'on demandera compte du présent. Chose singulière et digne d'être remarquée : lorsqu'il est question des calamités du temps, vous essayez de les attribuer à la République, et lorsque nous vous en indiquons le remède, à vous qui pouvez tout avec votre majorité, vous le méprisez, prétendant que le mal est inévitable, qu'il a toujours existé et existera toujours. Et cette doctrine du plus funeste fatalisme, vous vous efforcez de la propager par tous les moyens imaginables. Il n'y a pas jusqu'à la chaire chrétienne que vous ne mettiez en contribution : c'est ce dont j'ai acquis plusieurs fois la certitude, mais plus particulièrement au mois d'août dernier, à la cathédrale du X. Le révérend, qui prêchait, avait pris, un soir, pour sujet de son sermon, *la nécessité, la raison et l'avantage des souffrances.* Selon sa coutume, il décocha plus d'un trait contre le Socialisme. Tel était le fond de son raisonnement : « depuis la création et malgré six mille ans d'efforts, le mal social n'a cessé d'exister. Se flatter d'y remédier est donc folie. Toutes les théories inventées dans ce but ne sauraient avoir d'autres résultats que de troubler inutilement la société. D'où il faut conclure *la nécessité de*

(1) Washington, p. 63, 74.

la résignation comme unique remède à tous les maux qui naissent de la nature ou mème de l'injustice des hommes.»

Assurément le révérend père Bertrand (c'est son nom) croyait son argumentation invincible ; mais à peine eût-il fini que l'on ouït un de ses auditeurs se récrier en ces termes : « Raisonner ainsi c'est vouloir abuser de là bonne foi du public et lui faire l'injure de le supposer étranger à toutes notions historiques. Est-ce que les enfants mêmes ne savent pas que depuis la prédication de l'Evangile le mal a toujours été décroissant. Ne jouissons-nous pas de plus de liberté et de bonheur aujourd'hui que dans ces temps, où les guerres étaient si fréquentes et si cruelles; les trois quarts des hommes courbés dans la servitude la plus profonde; les femmes considérées comme de vils instruments de plaisir, et les enfants jetés à la voirie à l'instar des animaux immondes? Que dire des calamités du moyen-âge qui porta si longtemps l'esclavage, le servage et l'anarchie dans son sein? Le cultivateur ne pouvait compter sur le lendemain. Afin de défendre sa vie, sans cesse en péril, il était dans la nécessité, en se rendant à son travail, de porter ses armes avec ses instruments d'agriculture. Quant à la justice, elle était plutôt un piège qu'une protection et un appui pour les faibles. Les peines les plus sévères étaient infligées pour de simples soupçons ou pour des fautes qui sont regardées maintenant comme des actes indifférents ou à peine punissables. Ce fut seulement la veille de 93 que la torture préventive, les tailles et les corvées furent abolies; pouvons-nous avoir oublié que jusqu'à cette époque le peuple seul fut soumis à l'impôt, et que les possesseurs du sol et des richesses de la France, les couvents, le Clergé et la noblesse, en étaient exempts.

« Comment donc oser traiter de folie le zèle et les efforts des amis de l'humanité; après le succès qu'ils ont obtenu, n'ont-ils pas raison d'en espérer de plus consolants ? Et qui peut assigner des bornes au progrès? »

CONCLUSION.

Ce fait prouve que le peuple sait ce qu'il doit à la révolution et ce qu'il peut encore en attendre. Il prouve

en outre, avec tout ce qui précède, que la royauté ne
veut ni ne peut guérir les maux qui nous affligent. Afin
d'excuser son incurie ou son impuissance, elle les déclare
inévitables et incurables. Et il est des hommes qui médi-
tent encore d'imposer au pays cette forme usée, que le
pays a rejetée tant de fois en si peu de temps! Ils ne sont
conduits, comme tous leurs actes le démontrent, que par
l'intérêt particulier, l'esprit de caste et de privilège. Leur
but unique est d'opposer la royauté au progrès comme
une borne immuable. D'où il faut conclure que toute
monarchie a fait son temps, et que désormais le monde,
en Europe comme en Amérique, appartient à la démocratie.